JN023324

商法総則・商行為法

プチ・コンメンタール

〔三訂版〕

遠藤喜佳
松田和久

税務経理協会

三訂版　まえがき

　近時，商法総則・商行為に関する条文についての大きな改正が行われました。平成29年（2017年）の民法（債権法）の改正（令和2年（2020年）4月施行）に伴い，契約の成立や有価証券の規定，商事消滅時効・法定利率などの規定が修正削除されました（整備法平成29年法45号）。また平成30年（2018年）の運送法の改正に伴い，運送に関する規定の大幅な整備が行われると共に，商法典の全条文の現代語化が実現しました（平成30年法29号）。本書では，これらの改正を正確に紹介したうえで，新たな条文のもとで従来の法律問題がどのように扱われるのかを解説し，さらに関係する重要な裁判例なども加えました。現代の企業組織・企業取引の基本となる商法総則・商行為の規定の一層の理解を本書により進めていただきたいと願っております。

　令和5年9月

著者

まえがき──商法総則・商行為法を学ぶにあたって

　明治32年に施行された商法典は，それから百十年余にわたり，我が国の商業活動の根本を支える基本法として営利企業の仕組みと活動を規律してきましたが，平成17年に新たに会社法が独立の法典として成立（平成18年5月施行）したことにより，会社に関する多くの規定が商法典から会社法に移されました。また平成20年には保険法が独立の法典として成立し，平成22年4月から施行されています。さらに現在進められている民法債権法の改正に伴って商行為法の規定の見直しも早晩行われるでしょう。今，商法典の規定は，時代の大きな流れの中にあります。そして，その規律の対象は営利企業，特に個人企業を中心としたものになっています。しかし実質的な意味における商法の対象が，会社を含めた営利企業に特有の法律関係であるということは，現在も変わっていません。

　本書では，商法典の第1編総則と第2編商行為を条文に沿ってわかりやすく解説してあります。私たちが日常，商品を買ったり，サービスを受けたりするときに，それらを提供しているものの多くは企業であり，また生活に必要な品物を製造し，販売する主体も企業です。その企業の組織・活動・取引に関する基本的な規定をおく商法がどのような法律なのかを知ることは，大変に有意義なことでしょう。さらに現代における複雑な商取引や各種の会社制度を理解するためにも，その出発点となる取引の諸原則や企業組織の基本的な構造を見ておくことは大事なことです。

　本書が商法という法律を通して，現在の企業の正しい姿をとらえる一助となることを願っております。

平成22年3月

　　　　　　　　　　　　　　　　　　　　　　　　　　　　　　　　著者

凡　例

条文見出し

　条文の前に記されているタイトルを「条文見出し」といい，その条文が定めている内容について端的に記したものです。第 1 条から第617条までの（　）の条文見出しは商法自体に記されているものです。

判例の示し方

　判例年月日および登載判例集については，次のような略語を用いて記しています。

最判	最高裁判所判決	下民集	下級裁判所民事裁判例集
大判	大審院判決	民録	大審院民事判決録
高判	高等裁判所判決	判時	判例時報
地判	地方裁判所判決	判タ	判例タイムズ
民集	最高裁判所民事裁判例集	新聞	法律新聞

　したがって「最判昭33・6・19民集12・10・1575」は，最高裁判所昭和33年6月19日判決で，最高裁判所民事裁判例集12巻10号1575頁に登載されていることを意味します。また，判例についてより深く学びたい方のために，いくつかの判例には別冊ジュリスト243号「商法判例百選」（神作裕之・藤田友敬編，有斐閣，2019年）の事件番号を記しています。

目　　次

第1編　総　　則

1

第2編　商行為

第1編　総　則

第1章　通　則

> （趣旨等）
> 第1条① 商人の営業，商行為その他商事については，他の法律に特別の定めがあるものを除くほか，この法律の定めるところによる。
> ② 商事に関し，この法律に定めがない事項については商慣習に従い，商慣習がないときは，民法（明治29年法律第89号）の定めるところによる。

用語解説

商人──企業活動の主体（商法4条の説明参照）。

商行為──商法501条，502条などの典型的な商取引のこと。

商事──営利活動を行う企業に関係することがら。

他の法律──会社法などこの商法典以外の法律。

商慣習──慣習として商取引において一般に守られるべきであるという法意識にまで高まっているところの決まり。

§1　商法の対象

　商法の扱う法律関係は，経済上の商（固有の商）といわれるものだけではなく広い範囲に及ぶことから，どのような観点の下にその対象となっている法律関係を理解できるのかが従来から議論されてきました。今日，通説となっているのは，商法の対象を企業（継続的・計画的な意図のもとに営利行為を実現するところの統一的な経済生活体）に求め，商法を企業に関する法であるとする見解（企業法

説）です。

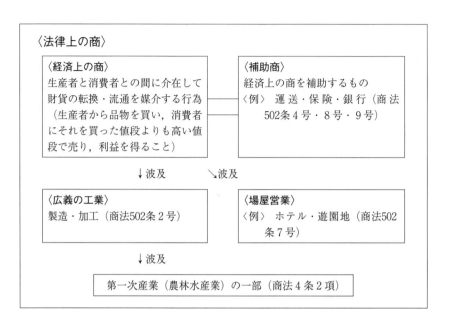

〈法律上の商〉

〈経済上の商〉
生産者と消費者との間に介在して
財貨の転換・流通を媒介する行為
（生産者から品物を買い，消費者
にそれを買った値段よりも高い値
段で売り，利益を得ること）

〈補助商〉
経済上の商を補助するもの
〈例〉 運送・保険・銀行（商法
502条4号・8号・9号）

↓波及　　＼波及

〈広義の工業〉
製造・加工（商法502条2号）

〈場屋営業〉
〈例〉 ホテル・遊園地（商法502
条7号）

↓波及

第一次産業（農林水産業）の一部（商法4条2項）

　商法が適用されるかどうかを決定するのは，「商人」そして「商行為」とい
う2つのキーワードです。各々の意味については後で詳しく述べますが，誰が
行ったかどうかで適用の有無を考える立場（商人法主義）と，どんな行為を行っ
たかどうかで適用の有無を考える立場（商行為法主義）があります。現行の商法
は，基本的な商行為（商法501条・502条）をまず定めて，その行為を業として行
う者を商人とする（商法4条1項）という構図をとっており，また一般の人が1
回限り行っても商行為となり，商法の適用を受ける絶対的商行為（商法501条）
というものを認めています。しかし他方で，商行為を業としていなくても，そ
の経営方式等から商人となる者（擬制商人）を認め（商法4条2項），商人が営業
のために行う行為を商行為とする（商法503条）という考えも取り入れています
から，折衷主義の立場であるといえます。

§2　企業の形態

　資本主義経済下において財貨やサービスを継続的・計画的に生産・分配・供給する役割を担う組織体としての企業は，様々な形態と規模で，その事業目的を実現しようと活動を行っています。

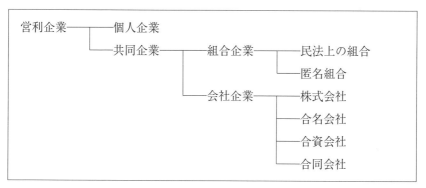

　個人企業（自然人である個人が営利活動を行う）と比較して，共同企業（複数人が共同して営利活動を行う）は次のような点で優れています。すなわち，①企業を運営するための財産を多く集めることができ（物的要素の拡大），②営業拠点を複数設けることで取引機会が増え，より利益を得ることができ（人的要素の拡大），③損失を被った場合でも1人当たりの損失額を少なくすることができ（危険の分散），④企業主の病気・老齢が企業の存続に影響を与えません（企業の維持）。

　また組合企業（組合契約（民法667条）に基づき，営利活動を行う）と比較して，会社企業（法人を設立して営利活動を行う）は法律関係の簡素化という点で優れています。すなわち，①内部的法律関係の面では，組合企業が構成員相互間の法律関係を形成する必要があるのに対して，会社企業は会社と構成員との法律関係を形成すればよく，②外部的法律関係の面では，組合企業が個々の構成員と取引相手との法律関係を形成するのに対して，会社企業は会社と取引相手との法律関係を形成すればよいのです。これを可能にするのが法人格（権利義務の帰属主体となる地位，権利能力ともいいます）であり，組合企業自体には法人格が与えられていません。

§3　会社と商人

　平成17年（2005年）制定の会社法は，その第1編総則の中で会社の商行為（会社法5条），商号（会社法6条〜9条），使用人（会社法10条〜15条），代理商（会社法16条〜20条），事業譲渡（会社法21条〜24条）など今まで商法（明治32年（1889年）制定）で規定していた基本事項を，会社に関するものだけ独立させて明文化しました。このために「商人」という用語が，法文によっては会社を含まないものとして用いられている場合があります（商法11条1項，会社法12条1項3号・24条参照）。商法11条以下の第1編総則に規定されている条文中の商人の意味については注意が必要です。

§4　商法の歴史と法の継受

　異なる部族がお互いに必要なものを交換する場合に，各部族の境界地に交換したいものをそれぞれ持ち出し，姿を見せることなくこっそりとその物を点検し，相手の提供した物に満足すれば持ち帰るという形で最初の交易は始まったとされます（沈黙の商（無言交易））。ヘロドトスは，カルタゴ人とリビア人との間の交換について「カルタゴ人はこの国に着いて積荷をおろすと，これを波打際に並べて船に帰り，狼煙（のろし）をあげる。土地の住民は煙を見ると海岸へきて，商品の代金として黄金を置き，それから商品の並べてある場所から遠くへさがる。するとカルタゴ人は下船してそれを調べ，黄金の額が商品の価値に釣合うと見れば，黄金を取って立ち去る。釣合わぬ時には，再び乗船して待機していると，住民が寄ってきて黄金を追加し，カルタゴ人が納得するまでこういうことを続ける。双方とも相手に不正なことは決して行なわず，カルタゴ人は黄金の額が商品の価値に等しくなるまでは，黄金に手を触れず，住民もカルタゴ人が黄金を取るまでは，商品に手をつけない」と書いています（ヘロドトス『歴史』巻四・一九六節　岩波文庫版）。

　近代商法の淵源は，中世イタリアの商人階級の慣習法だと言われます。商法の理論は，利息取得を禁止する教会法との相克の中で発展しました。その後，大航海時代を迎えて商圏が拡大し，政治的な中央集権化も進み国家の商業活動

6

も盛んになりました（オランダ東インド会社，1602年）。市民革命による近代国家の成立の中で今までの階級法は否定され，新たに「商行為」という考え方による商法典が生まれます（ナポレオン商法典，1807年）。この考えは，旧ドイツ商法典を経て明治時代に成立した我が国の商法典にも受け継がれています。

§5　商慣習

　商事に関しては，商慣習が民法に優先して適用されます。一般には，制定法優先主義の考え方から，公の秩序または善良の風俗に反しない慣習は，法令の規定で認められたものまたは法令に規定されていない事項に関するものに限り，法律と同一の効力を認められています（法の適用に関する通則法3条）。しかし，営利企業の活動は日々新しい合理的な取引方式や組織を生み出し，そこで行われる法律関係は，固定的・個別的な取引を予定している民法の規定では対応していくことが困難な場合もあります。そこで商法1条2項は，法の適用に関する通則法3条の例外として商慣習の優位を認めました。

　法の適用に関する通則法

　（法律と同一の効力を有する慣習）

　第3条　公の秩序又は善良の風俗に反しない慣習は，法令の規定により認められたもの又は法令に規定されていない事項に関するものに限り，法律と同一の効力を有する。

民法関連条文

　（任意規定と異なる慣習）

　第92条　法令中の公の秩序に関しない規定と異なる慣習がある場合において，法律行為の当事者がその慣習による意思を有しているものと認められるときは，その慣習に従う。

§6　普通取引約款

　普通取引約款とは，これを利用する当事者が一定種類の取引について，あらかじめ契約条件を定めておき，相手方との取引において，一律にこれによって契約を締結する場合の，あらかじめ定められた契約条件のことをいいます。たとえば普通保険約款，銀行取引約款，運送約款，倉庫寄託約款などがあります。

　これらの約款は企業の大量的集団的取引を迅速に処理しうる機能を有しますが，他面，企業者側で一方的に作成し，これと契約しようとする者は，ゆっくりとそれを読まない場合があること，また，約款作成者がその優越的地位を利用して有利な内容を盛り込むこと等を考えると，これに対し，何らかの規制を施すことが必要となってきます。その規制は立法・行政・司法の3つによることが考えられます。

　第一に立法による規制として，約款の内容の明瞭な開示を要求するものがあります。すなわち，約款に定める契約条項の表示が明瞭性を欠いたり，難解であるため，約款を利用する相手方が不利益を受ける事態が生じがちですが，このようなことを防ぐための規制です。たとえば割賦販売法および同施行規則が，指定商品・指定権利の割賦販売（何回かの分割払いで購入すること）において，割賦販売業者が開示すべき割賦販売条件を示すには，見やすい方法により掲示し，相手方が読みやすく，理解しやすいような用語を使用するとともに，8ポイント以上の文字および数字によるべきことを要求している（割賦販売法3条・同施行規則1条の2）のは，この規制方法の一つです。

　同じく立法による規制として定型約款についての規定があります（民法548条の2～548条の4）。平成29年（2017年）の民法改正により，定型取引（ある特定の者が不特定多数の者を相手方として行う取引であって，その内容の全部または一部が画一的であることがその双方にとって合理的なもの）において，契約の内容とすることを目的としてその特定の者より準備された条項の総体を定型約款といいます。この定型約款には，預金規定，生命保険約款，損害保険約款，旅客運送約款，電気供給約款，宅配便運送約款など，私たち（公衆）を相手としている多くの約款が当たります。

　定型約款を契約の内容とする旨の合意をしたとき，または定型約款を準備した者が事前にその約款を契約内容とすることを相手方に表示していたときには，約款の個別の条項についても合意したとみなされます（民法548条の2第1項1号2号）。ただし，個別条項のうちに，相手方の権利を制限し，または相手方の義務を加重する条項で，その定型取引の態様・実情・取引上の社会通念に照らして民法1条2項（信義誠実の原則）に反して相手方の利益を一方的に害すると認められるもの（不当条項）は，契約への組入れが認められません（民法548条の2第2項）。

　第二に行政による規制として，主務大臣による約款の認可あるいは約款の変更命令等という形態の規制が広く行われています（保険業法4条2項・123条～125条，電気事業法19条～21条，航空法106条，海上運送法9条等）。

　第三に司法による規制として，具体的な訴訟において裁判所が，不当な約款を信義則ならびに公序良俗違反（民法1条2項・90条）として無効とする場合があげられます。たとえば，自動車を分割払いで購入する場合（この契約を割賦販売契約といいます）に，その約款に，「分割払いの代金の支払をしなかった場合には，売主は契約を解除でき，自動車の返還を求めることができるうえに，すでに受けとっている代金と残りの代金とを違約金としてとりあげることができる」という定めがあったとしても，それはあまりにも売主に有利で明らかに不合理であり，公序良俗に反するから，そのような約款は無効だとされた判例があります（福島地判昭34・11・18下民集10・11・2450）。

　普通取引約款がなぜ当事者を拘束するのかの問題があります。古く大審院の判例は，当事者が約款による意思を有していたと推定すること（意思推定説）によって，実際には約款内容を知らなくても，当事者に対する拘束力を肯定しました（大判大4・12・24民録21・2182）。その他，学説では，約款を使用する当事者を含む団体の定めた自治法規として約款の拘束力を説明する立場（自治法説）や，ある取引分野で約款による契約が結ばれているような場合に，その取引分野の契約は約款によるという慣習法があるとする立場（商慣習法説）が有力です。

【判例】 普通保険約款の法的拘束力（大判大4・12・24民録21・2182）

　X$_1$・X$_2$は，Y外国保険会社との間で，自己所有の家屋について火災保険契約を締結していたところ，大規模な山火事によりX$_1$・X$_2$の家屋が焼失しました。ところがY会社が，Y会社の普通保険約款に，「樹林火災・森林の燃焼による損害についてはてん補の責任がない」旨の条項を理由として，保険金の支払いを拒否しました。大審院（最高裁判所の前身）は，「当事者双方が特に普通保険約款に依らざる旨の意思を表示せずして契約したるときは反証なき限り其約款に依る意思を以て契約したるものと推定す（原文はひらがな表記ではなくカタカナ表記）」として，X$_1$・X$_2$の請求を棄却しました。

§7　商事に関する法の適用順序

　本条は，商法典（形式的な意味における商法）が商事に関する原則を定める基本的な法律であるということを明らかにしていますが，企業に関する私的利益の調整を図るための法の総体として考えられる「実質的意義における商法」には，商法典以外にも商事自治法や商事条約など多くのものが含まれてきます。これらの法は，次のような順位で適用されます。

> 1　商事自治法（会社の定款・証券取引所や商品取引所の業務規定など）
> 2　商事条約（国際航空運送に関するワルソー条約，モントリオール条約など）
> 3　商事特別法（会社法・手形法・小切手法・保険法など）
> 4　商法典（明治32年制定〜平成30年改正）
> 5　商慣習（白紙委任状付記名株式の譲渡方法（大判昭19・2・29民集23・90）など）

　6　民事特別法
　7　民法典
　8　民事慣習

> （公法人の商行為）
> **第 2 条**　公法人が行う商行為については，法令に別段の定めがある場合を除き，この法律の定めるところによる。

用語解説

公法人──国，都道府県，市町村など，公権的な作用を担っている法人。

§1　公法人の商行為の例

　絶対的商行為は行為自体の客観的性質から商行為とされるものなので，公法人の場合もそのような行為をすれば，商法の適用があるのは当然ですが，営業的商行為の場合には，①営利目的があること，②継続性があることが必要で，この点の判断が重要となります。東京都営の地下鉄運送事業は，物品運送は行いませんが，旅客運送に関する規定（商法589条以下）の適用があります。

> （一方的商行為）
> **第 3 条①**　当事者の一方のために商行為となる行為については，この法律をその双方に適用する。
> **②**　当事者の一方が 2 人以上ある場合において，その 1 人のために商行為となる行為については，この法律をその全員に適用する。

§1　一方的商行為

　卸売商と小売商との取引のように当事者双方が商人である場合には，一方が他方から物を買い入れる行為や，金銭を借り入れる行為は，双方にとって商行為（双方的商行為）となりますから，商法が適用になるのは当然です。

　しかし，たとえば商人Aが非商人Bから営業のための資金を借り入れた場合，

Aの行為は，商法503条によって附属的商行為となりますが，Bの貸す行為は商行為ではなく，民法上の行為となるわけで，本来ならば，Aの行為のみに商法が適用になり，Bの行為には商法は適用されないことになるはずです。このような不統一を避けるために，本条1項は，当事者の一方にとってのみ商行為となる場合でも，当事者双方に商法の適用があることを明らかにしています。

このような場面でAとBの間の行為に，商法と民法のどちらの規定が適用されるべきかが問題となったのは，特に両法の規定の間に違いがあった消滅時効と法定利率の適用条文でした。平成29年（2017年）の民法（債権関係）改正により，法定利率（民404条）と消滅時効（民166条）の規定が改まり，商事法定利率（商514条）と商事消滅時効（商522条）の両規定が削除されました。これらの規定の適用問題は，商行為により生ずる債権・債務を民事の債権・債務と区別すべき必要性のある法的論点として従来から論じられてきたものであり，その多くは債権の消滅時効が5年か10年か，または金利が年5分かそれとも年6分なのか，という問題に関わっていました。商法の両規定が削除され，民法規定の適用に一本化されたことで，　この点について商行為性の有無を判断する場面は大幅に減ることになりました。

民法では無報酬が原則である委任や寄託の行為を商人が非商人のためにその営業の内で行ったような場合に，特約がなくても当然に報酬を請求することができる（商512条）のは，本条1項の適用場面と言えます。

なお商法の規定の中には，当事者双方がともに商人である場合にだけ適用のある規定（商513条1項・521条・524条〜528条）があり，相手が非商人であるときは適用されません。また債務者にとって商行為であることを必要とし，債権者にとってのみ商行為である場合には適用されない規定（商511条）は，本条1項の例外といえます。

本条2項によれば，当事者の一方が複数の場合に，その一人については商行為となり他の者には商行為とならないときでも商法が全員に適用されるとしています。

たとえば商人Aと非商人Bとが連帯してAの営業のため，非商人Cから資金

を借り入れた場合，BとCとの法律関係は非商人間の関係ですが，本条2項により，商法の適用を受けることになります。

【判例】 信用協同組合の商人性と一方的商行為（最判昭48・10・5判時726・92，百選3）

　X信用協同組合は，印刷業を営む組合員であるYに対して，中小企業等協同組合法9条の8第1項1号に基づく資金の貸付けをしたところ，Yが全額の返済をしなかった（弁済期昭和32年12月17日）ため，X組合は昭和42年に，残金と損害金の支払いを求める訴えを提起しました。最高裁判所は，「中小企業等協同組合法に基づいて設立された信用協同組合は，商法上の商人にあたらないと解すべきである。しかし，……信用協同組合が商人たる組合員に貸付をするときは，同法503条，3条1項により，同法522条（平成29年改正・削除）が適用されると解する」として，X組合の請求を棄却しました。

　（商事消滅時効）旧第522条
　　商行為によって生じた債権は，この法律に別段の定めがある場合を除き，5年間行使しないときは，時効によって消滅する。

（後述127頁参照）

第2章　商　人

（定義）

第4条①　この法律において「商人」とは，自己の名をもって商行為をすることを業とする者をいう。

②　店舗その他これに類似する設備によって物品を販売することを業とする者又は鉱業を営む者は，商行為を行うことを業としない者であっても，これを商人とみなす。

用語解説

自己の名をもって——自分自身がその行為から生じる権利義務の帰属主体となること。

業とする——営利目的をもって同じ行為を繰り返し続けていくこと。

店舗その他これに類似する設備——商品を並べて売るための施設やこれと同様な仕組み（通信販売の通信設備，ネット販売の情報処理装置等）。

鉱業——鉱物資源の採掘およびこれに伴う選鉱，砕鉱，精錬，精製などを行う産業。石炭，石油，天然ガス，金属，非鉄金属などの資源により大別される。

§1　固有の商人

固有の商人とは，商法4条1項に定める「自己の名をもって商行為を業とする者」をいいます。すなわち，商法501条・502条に定める商行為（絶対的商行為・営業的商行為）を，営利目的をもって反復継続し，それによって生じる権利義務が自分自身に帰属する者です。なお「〜の名をもって」とは別に，「〜の

ために」とか「〜の計算において」という表現をすることがありますが，これ
は行為によって生じる経済的利益の帰属主体を示すもので，取引における権利
義務の帰属主体と経済的利益の帰属主体は一致するのが一般的です。しかし商
法502条11号に定める「取次ぎ」という行為は「自己の名をもって他人のため
に」，すなわち権利義務が自分自身に帰属し，経済的利益が他人に帰属するもの
で，この取次ぎを業とするのが問屋（商法551条）・準問屋（商法558条）・運送取
扱人（商法559条）となります。

§2　擬制商人

　自分が収穫した農産物・畜産物・水産物や採掘した鉱物を販売しても，商行
為にはあたりません。なぜなら自然界から原始取得したものを販売した場合に
は，他人から有償取得したものではないため，商法501条1号の「投機購買」
に該当しないからです。しかし物品を販売して利益を得るのは同じなのに，そ
の物品が原始取得によるか有償取得によるかによって商法の適用の有無が決定
されるのは不合理です。そこで昭和13年（1938年）の商法改正では，企業的設
備に着目して，商行為をすることを業としない場合でも商人性を認めることと
し，擬制商人という商人概念を創設しました。

　擬制商人となるのは，①店舗その他の設備によって物品を販売することを業
とする者と，②鉱業を営む者です。①の場合は，物品を販売する設備を備えて
いることが必要ですが，その設備に決まりはなく，例えば道端に収穫した農作
物を陳列するプレハブ小屋を作り，代金を入れる空き缶を置いておくことも
「物品を販売する設備」に該当します。これに対して収穫した農作物を入れた
かごを背負って売り歩くことは，「物品を販売する設備」に該当しません。

　店舗とは，継続的取引のために開設される場所的設備ですが，今日，通信や
情報ネットワークを用いて継続して商品の販売を行っている場合にそのバー
チャルな設備・方法を店舗に類似する設備と考えて，①の擬制商人と認める考
えもあります。

　②の場合は，鉱物資源を採掘する場合に大規模な採掘設備を備えることが一

般的であることに着目して商人性を認めました。

　平成17年（2005年）商法改正前は，民事会社（商行為を業としない会社）も擬制商人の一つとして挙げられていましたが，同改正で削除されました。会社法5条が会社の行為は商行為になると定めたためです（後述・会社の行為の商行為性102頁参照）。なお同改正では，準商行為の規定（改正前商法523条）も削除されました（128頁参照）。

§3　営利法人以外の法人の商人資格

　法律上権利を取得しまたは義務を負担する主体となりうるのは，自然人（「自然」人とは妙な言い方ですが法人と区別するためにつけられた名称で，生身の人間のことをいいます）と法人（社団や財団で，独自に権利義務の主体になる資格が与えられたものをいいます）です。商人となることのできる適格（これを商人適格といいます）をもつ主体も，自然人ならびに法人に限られます。自然人は権利義務の主体となりうる資格（これを権利能力といいます）について無制限ですから，私法上は，性別・年齢を問わず商人となることができます（ただし，行為能力＝営業能力の制限について，商法5条〜7条参照）。これに対して法人は商人になれるものと，その性質上，商人になれないものがあります。

公法人

国・地方公共団体……行政目的達成上必要な範囲で商人となりうる。〈例〉
　　都営地下鉄，都バス

私法人

公益法人…学術，技芸，慈善，祭祀，宗教その他の公益を目的とする法人
　　（民法33条2項）は，公益目的の達成に必要な範囲で収益事業を行うこと
　　が認められており，その範囲で商人資格が認められる（多数説）。学校法
　　人が出版事業を営むときは商法502条6号に該当する行為を行うため（私
　　立学校法26条参照），その限りで商人となる。また公益社団（財団）法人は，
　　公益目的事業を行うに当たり，一定比率の収益事業を行うことが認めら

れている（公益社団法人及び公益財団法人の認定等に関する法律14条15条）。

中間法人…営利法人にも公益法人にも属さない私法人をいい，構成員の相互扶助と共通の利益の増進を目的としている。特別法により設立される法人として，保険相互会社，事業協同組合，火災共済協同組合，信用協同組合，企業組合，商工組合，農業協同組合，消費生活協同組合，信用金庫などがある。従来から，法律の規定する目的が非営利で特殊の狭い事項に限られていることから商人とはなりえないとされてきた。しかしこれらの法人の基本法には，商法・会社法と同一内容の規定や準用規定が見られる（信用金庫法8条，40条2項，55条の2，保険業法21条，67条，54条など）。

　一般法人法（一般社団法人及び一般財団法人に関する法律）により設立される法人は，事業の範囲に制限はなく，収益事業・共益事業・公益事業を行うことができるが，構成員への利益の分配は認められない（一般法人法11条2項，153条3項2号）非営利法人である。またこの法人は，行政庁の公益認定(公益社団法人及び公益財団法人の認定等に関する法律4条)を受けることで公益法人に変わることができる。一般社団法人・一般財団法人には商法の規定の一部が不適用とされている（一般法人法9条）が，会社法と同様の組織や計算に関する規定もあり，その収益事業の多くに商行為性を認めることが可能である。

特殊法人

農林中央金庫，日本銀行…特別法により設立され，公共性のある事業を営む。独立採算制をとり，商行為に当たる事業を行う以上は商人となりうる。今日，特殊法人の多くは特殊行政法人（都市再生機構）や特殊会社（3公社の民営化）になっている。

§4　いつから商人になるのか？

　債権の消滅時効期間に民法と商法で差異が認められていた平成29年（2017年）法改正以前には，次のような事例で商人資格の開始時期が問題となりました。

(1)事例－大学卒業後，大手企業に勤めていた甲は，会社を辞めて起業することを考えていたが，自宅でラーメン店を開くには，資金が足りなかったので大学時代の仲の良かった友人乙に一年後には返すという約束で50万円を無利子で借りた。その後，ラーメン店を個人で開業した甲は，友人乙からの催促がないのをいいことに，返済期限から５年以上も借金を返すことなく乙に会うこともなしに過ごしていた。そんなある日，乙の訪問を突然受けた甲は50万円の返済を求められたが，ラーメン店の経営も思わしくなかったので，乙に対する自分の借金はすでに５年の消滅時効に掛かっていると主張して支払に応じなかった。乙は，自分の債権はまだ10年の消滅時効には掛かっていないはずだとして貸金の返済を求めた。乙の請求は認められるのか。

(2)この問題は，50万円の金銭債権が商事消滅時効（改正前商法522条）により５年で消滅するのか，それとも民事債権として10年で消滅するのか（改正前民法167条１項）を問うものです。その前提として甲と乙の間で行われた金銭貸借が商行為として評価できるかどうかが，まず考えられなければなりません。甲の行為が開業準備行為として附属的商行為（商法503条）に該当すれば，甲の借金は商行為によって生じたものとして５年の時効により消滅した（商法503条・3条１項・改正前522条）という話になります。附属的商行為は，商人がその営業のためにする行為であり，この商行為性をいうためには，50万円の金銭消費貸借の時点で，甲が「商人」であったのかが確認されなければなりません。もちろんその時点では，ラーメン店は開業しておらず，甲の営業行為自体はまだ始まっていないと言えます。そこで甲は，「いつから商人になるのか」が問題とされます。

商人の始期については，代表的な考え方として三つの立場があります。①表白行為説－商号登記や開業広告などの営業意思の外部発表を必要とする立場，②主観的実現説－営業開始目的で何らかの準備行為をすれば足りるという立場，③客観的認識可能説－営業意思の実現行為がありその意思が客観的にも認めることのできることを必要とする立場，です。③の考え方が判例（最判昭47・2・24民集26・1・172）の採るところとされますが，自宅の店舗改装工事を工務店に発注する行為や，大量のラーメン丼や調理器具を買い入れる行為などと違い，

単なる借財行為だけでは，その行為がいかなる目的でなされたのかを外形から知ることはできません。そこで本件では，甲が開業の意思－金銭の使途－を相手方の乙に示していたかどうかがポイントとなります。

　債権法の改正に伴い消滅時効期間の違いがなくなり，上記のような問題について商行為性を検討する必要性は少なくなくなりました。法定利率の問題も同様です。

【判例】　商人資格の取得時期（最判昭33・6・19民集12・10・1575，百選2）

　YとAは，石炭販売の共同事業を行うことを内容とする組合契約を締結し，その後YとAはX（Aの知人）との間で，事業資金の借入れの担保としてX所有の土地・建物を2ヶ月間利用する旨の契約を締結しました。ところがYとAは借入金を返済することができず，債権者が担保権実行の手続に入ったため，Xは債権者に和解金を支払いました。そこでXがYとAに対して，和解金相当額の連帯支払い（商法511条）を求めました。最高裁判所は，「特定の営業を開始する目的で，その準備行為をなした者は，その行為により営業を開始する意思を実現したものでこれにより商人たる資格を取得すべく，その準備行為もまた商人がその営業のためにする行為として商行為となる」として，Xの請求を認容しました。

　（未成年者登記）

　第5条　未成年者が前条の営業を行うときは，その登記をしなければならない。

民法関連条文

　（未成年者の営業の許可）

　第6条①　一種又は数種の営業を許された未成年者は，その営業に関しては，成年者と同一の行為能力を有する。

用語解説

未成年者——年齢が満18歳に達しない者をいう（民法4条参照）。

登記——ここでは商業登記のことをいう。商業登記は，取引上の法律関係に影響を及ぼすような企業内部の重要事実を一般公衆に知らせるための公示制度である。登記には，このほかに不動産登記，船舶登記，工場財団登記，夫婦財産契約登記などがある。

§1　未成年者の営業と登記

　未成年者が法律行為をするときは，原則として法定代理人の同意を必要とし，同意のない行為は，これを取り消すことができます（民法5条1項2項）。しかし，未成年者も，法定代理人から目的を定めて処分を許された場合（学資など）はその目的の範囲内において，また目的を定めないで処分を許された場合（小遣いなど）はその財産全額において随意に処分することができるし（民法5条3項），一種または数種の営業を許されたときは，その営業に関しては成年者と同一の行為能力を有することになります（民法6条1項）。商法5条では，取引の安全のため，営業の許可の商業登記簿への登記を要求しているのです。

（後見人登記）

第6条①　後見人が被後見人のために第4条の営業を行うときは，その登記をしなければならない。

②　後見人の代理権に加えた制限は，善意の第三者に対抗することができない。

用語解説

後見人——親権者のいない未成年者，および成年被後見人の身上を保護監督し，その財産管理を目的として選任され，それらの者の法定代理人とな

る者をいう（民法838条以下）。

被後見人——後見人によって後見を受ける者で親権者のいない未成年者，成年被後見人がこれにあたる。

善意——法律用語では，ある事情を知らないことをいう。これに対して悪意とは，ある事情を知っていることをいう。どちらも倫理的な善悪の要素は全く含まれていない。

対抗する——ある事実が存在しても，それを利害が反する者に対して主張するためには，特別の手続きを必要とする場合がある。「対抗する」とは，その手続きを踏んで，事実を主張することをいう。

§1　後見人の営業と登記

　後見人は被後見人（未成年者または成年被後見人）の財産を管理し，かつその財産に関する法律行為について被後見人を代表する権限を有します（民法859条1項）。しかしながら後見人が被後見人に代わって営業をする場合でも，取引の相手方にとってはそれが民法859条1項に定める権限に基づくものなのかが明確ではありません。そこで後見人が営業をする場合について商業登記簿へ登記することを要求しています。また民法859条1項に定める後見人の権限は包括的なものであるため，個別的に権限に制限を加えた場合（取引量や取引額の制限など），取引の相手方に不利益を与えてしまいます。そこで後見人の代理権に制限があることにつき善意の第三者に対しては，その制限を対抗（主張）することができないとして，取引安全の保護をはかっています。

（小商人）

第7条　第5条，前条，次章，第11条第2項，第15条第2項，第17条第2項前段，第5章及び第22条の規定は，小商人（商人のうち，法務省令で定めるその営業のために使用する財産の価額が法務省令で定める金額を超えないものをいう。）については，適用しない。

---

§1　小商人についての適用除外

　小商人とは，商人のうちその営業のために使用する財産についての貸借対照表の計上金額が50万円未満の者をいいます（商法施行規則3条2項）。法人（会社）は，小商人にはなりません（同規則2条1号括弧書き）。

　未成年者登記，後見人登記，商業登記，商号の登記，商号譲渡の登記，営業譲受人の免責登記，商業帳簿，支配人の登記の規定は，小商人には適用がないとされています。これは，規模の小さい商人に前記規定を守らせることは負担が重くなりすぎること，規模の小さい商人の使う商号を保護すると他の商人の商号利用を妨げることがあることなどが理由とされます。

第 3 章　商業登記

（通則）

第 8 条　この編の規定により登記すべき事項は，当事者の申請により，商業登記法（昭和38年法律第125号）の定めるところに従い，商業登記簿にこれを登記する。

会社法関連条文

（通則）

第907条　この法律の規定により登記すべき事項（第938条第 3 項の保全処分の登記に係る事項を除く。）は，当事者の申請又は裁判所書記官の嘱託により，商業登記法（昭和38年法律第125号）の定めるところに従い，商業登記簿にこれを登記する。

用語解説

商業登記簿——商号登記簿，未成年者登記簿，後見人登記簿，支配人登記簿，株式会社登記簿，合名会社登記簿，合資会社登記簿，合同会社登記簿，外国会社登記簿の 9 つの登記簿のことをいう（商業登記法 6 条）。磁気ディスクで調製されている。

§1　なぜ商業登記が必要とされるのか

商人と取引する相手方は，その商人の取引に関する重要な事項（能力・代理権の有無・範囲等）を正確に知ることができれば，安心して取引することができ

ます。そこで登記は，このような外からわからない事項を公示し，取引の安全に寄与するものです。また，当の商人にとっても，重要事項を公示すれば，社会的信用も高まりますし，さらに，商法9条1項によって，登記事項を知らなかった者に対しても，それを主張することができるという大きなメリットがあります。

§2　登記事項の種類

商業登記簿に登記される事項の種類として，次のようなものがあります。

① 絶対的登記事項——必ず登記をしなければならない事項で，登記事項の大部分がこれに該当する。この登記を怠ると会社の場合には罰則がある（会社法976条1号）。

② 相対的登記事項——登記するかどうかは任意とされる事項で，個人商人の商号の登記（商法11条2項）がこれに該当する。

③ 設定的登記事項——法律関係の創設に関する事項で，支配人の選任の登記（商法22条）などがこれに該当する。

④ 免責的登記事項——当事者の責任を免れさせる事項で，支配人の退任の登記などがこれに該当する。

§3　登記所

登記の事務は，当事者の営業所の所在地を管轄する登記所（法務局もしくは地方法務局もしくはこれらの支局又はこれらの出張所）がつかさどります（商業登記法1条の3）。令和5年9月現在，法務局は8か所（札幌，仙台，東京，名古屋，大阪，広島，高松，福岡），地方法務局は42か所，支局は259か所，出張所は102か所あり，登記所の数は全部で411か所です。また登記の申請は原則として当事者（商人）が書面でしなければなりませんが（商業登記法14条・17条，当事者申請主義），裁判所その他の官庁が職権で登記所に登記を嘱託する場合もあります（商業登記法15条）。なお株式会社・合同会社の一定事項の変更登記にはオンラインでの申請が認められています。

【判例】 登記官の審査権限（最判昭43・12・24民集22・13・3334，百選9）

　A株式会社は取締役・監査役X₁〜X₆が辞任したことにより，取締役・監査役について法定の員数を欠く状態になりました。しかしA会社が後任者の選任およびX₁等の変更登記申請を行わなかったため，X₁等は一時取締役（商法旧258条2項，会社法346条2項に相当）の選任を得て，A会社を被告とする変更登記手続請求の訴えに勝訴しました。この判決に基づきX₁等は退任による変更登記を申請しました。ところが登記官Yは，「後任者が就任するまでは変更登記ができない」として申請を却下しました（商登24条10号）。最高裁判所は，「商法258条1項【会社法346条1項に相当】の適用または準用をみる場合においては，いまだ同法67条（会社法909条）に定める登記事項の変更を生じないと解するのが相当である……申請書，添付書類，登記簿等法律上許された資料のみによるかぎり，登記官は前記のような事項についても審査権を有するものと解される」として，X₁等の請求を棄却しました。

　（登記の効力）

第9条① 　この編の規定により登記すべき事項は，登記の後でなければ，これをもって善意の第三者に対抗することができない。登記の後であっても，第三者が正当な事由によってその登記があることを知らなかったときは，同様とする。

② 　故意又は過失によって不実の事項を登記した者は，その事項が不実であることをもって善意の第三者に対抗することができない。

会社法関連条文

（登記の効力）

第908条①　この法律の規定により登記すべき事項は，登記の後でなけれ
　　ば，これをもって善意の第三者に対抗することができない。登記の後で
　　あっても，第三者が正当な事由によってその登記があることを知らな
　　かったときは，同様とする。

②　故意又は過失によって不実の事項を登記した者は，その事項が不実で
　　あることをもって善意の第三者に対抗することができない。

§1　商業登記の一般的効力

　登記する前は，その登記すべき事項を善意の第三者に対抗することができず，
悪意の第三者に対してのみ対抗できます（本条1項前段）。このことを商業登記
の消極的公示力といいます。ところが登記した後は，実際に登記されているこ
とを知らなかった第三者に対しても，知っていたとして扱い（悪意を擬制するの
です），登記事項を対抗できるのです（本条1項前段の意味するところ）。このこと
を商業登記の積極的公示力といいます。ただし，知らなかったことに正当な事
由がある場合は，商人はその第三者に登記事項を対抗できないとされています
（本条1項後段）。しかし，ここにいう「正当な事由」は，公示主義の例外とな
るので，きわめて狭く解されており，病気・旅行などは含まず，交通途絶等の
客観的障害に限るとされています。

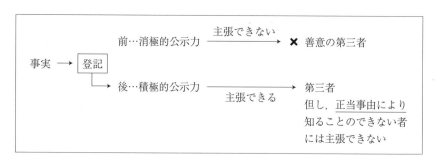

§2　商業登記の一般的効力の具体例

　支配人解任登記を例にとって，具体的に考えてみましょう。個人商人Yの支配人Aは，令和5年2月1日に解任されました。ところが，解任の登記がなされていない同年3月1日に，Aは「Y支配人A」と称して，Xから物品を買い入れる契約を締結しました。Aの解任の登記は，同年4月1日になってやっとなされました。この事例で，相手方XがYに対して代金支払いを請求してきたとしましょう。相手方Xが，支配人Aの解任の事実を知らない（善意である）場合，Yは商法9条1項前段の商業登記の消極的公示力によって，解任の登記がなされる前に取引関係に入った第三者Xに対して，その解任の事実を主張して責任を免れることはできません。したがって，YはAが支配人としてなしたXとの売買契約の効果を受けざるをえなくなるのです（しかし，この場合でも第三者Xの方から支配人解任の事実を主張することは可能です）。それでは逆にXが売買契約当時，Aがすでに支配人を解任されていることを知っていた場合はどうでしょうか。この場合は，YはXに対して支配人Aの解任の事実を主張でき，Xからの代金請求を拒むことができます。

§3　商業登記の一般的効力と外観信頼保護規定

　次に§2の具体例を若干変更して支配人Aの解任登記が売買契約の前の令和5年2月15日にすでになされていたとしましょう。この場合，商業登記の積極的公示力により，相手方Xはたとえ支配人解任の事実について善意であったとしても，悪意であったと擬制されてしまうのです。ところがXが「Y支配人A」という肩書を信頼して売買契約を締結していた場合，表見支配人の規定（商法24条）の適用により，YはXに対して契約に基づく責任を負う可能性も出てきます。

　このような場合，一般的効力を定める商法9条1項と，外観信頼保護規定である商法24条のどちらが適用されるのでしょうか。Xは悪意だったとされてその信頼は保護されないのでしょうか。この点について学説は，①外観信頼保護規定は商法9条1項の例外規定であり，商法24条が優先されるとする「例外説」，

②外観信頼保護規定は商法9条1項後段にいう「正当な事由」に該当し，商法24条が優先されるとする「正当事由弾力化説」，③外観信頼保護規定と商法9条1項とは次元を異にするため両者は矛盾せず，商法24条が適用されるとする「異次元説」などがあります。「異次元説」では，契約時にXが実際に支配人解任の事実について知らなかった場合も登記の公示力により「知っていた」とされる効果（悪意の擬制）を認めません。

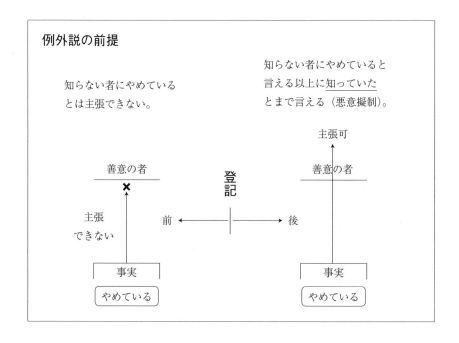

例外説の前提

知らない者にやめているとは主張できない。

知らない者にやめていると言える以上に知っていたとまで言える（悪意擬制）。

主張可

善意の者　✕　　登記　　善意の者

主張できない　前 ← | → 後

事実　　　　　　　事実

やめている　　　　やめている

異次元説の前提

知らない者にもやめていると
言える状態にはなるが，そのことを
知っているとまでは言えない。
善意要件は害されないと考える。

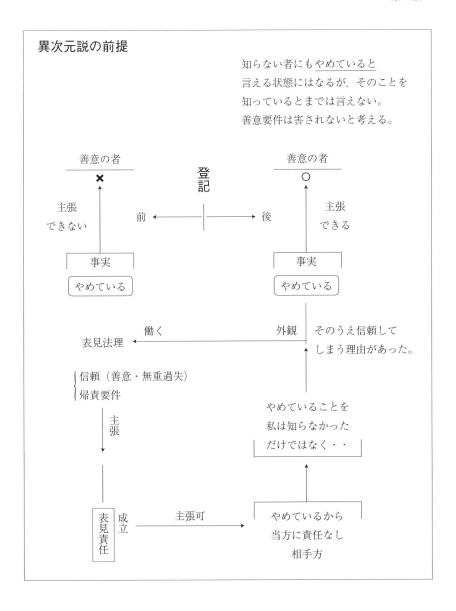

§4　不実登記の効力

　本条2項は，自分で虚偽の登記をした者は，その登記が真実なものと信頼して取引関係に入った者に対して，「いや，あれは事実とは違うんですよ」と主張して，責任を免れることができないことを規定しているのです。このことは，意図的な場合はもちろんのこと，不注意でうっかり真実でない登記をしてしまった場合も含まれます。さらに，始めはなんら落ち度がなく，たまたま不真実な登記がなされている場合にそれを知りながら放っておくこと（不作為）も，本条により，後に真実でなかったと主張しえなくなる場合があると解されています。外から見える事がら（「外観」といいます）を信頼した者を保護するという，いかにも商法らしい規定です。

　外観の存在と，それを作り出した者に落ち度が認められること（責めに帰すべき事由）とその外観に対して第三者が信頼したということの3つの要件がそろった場合に，外観作出者の犠牲において第三者を保護していこうとする考え方を，広く「外観法理」といいます。本条2項もその外観法理の現れですが，その他に，名板貸による責任（商法14条，会社法9条），表見支配人の責任（商法24条，会社法13条）などが重要です。

【判例】　登記簿上の取締役の第三者に対する責任（最判昭47・6・15民集26・5・984，百選8）

　YはA株式会社の代表取締役として登記されていましたが，その就任について株主総会・取締役会の決議がありませんでした。XはA会社に対して債権を有していましたが，A会社が倒産したため，債権の回収が不能になりました。そこでXはYに対して，商法旧266条ノ3第1項（会社法429条1項に相当）に基づき，損害賠償責任を追及する訴えを提起しました。最高裁判所は，「商法14条【現行商法9条2項，会社法908条2項に相当】……にいう『不実ノ事項ヲ登記シタル者』とは，当該登記を申請した商人（登記申請権者）をさすものと解すべきことは論旨のいうとおりであるが，その不実の登記事項が株式会社の取

締役への就任であり，就任の登記につき取締役とされた本人が承諾を与えたのであれば，同人もまた不実の登記の出現に加功したものというべく……同条の規定を類推適用して，取締役として就任の登記をされた当該本人も，同人に故意または過失があるかぎり，当該登記事項の不実なことをもって善意の第三者に対抗することができない」として，Xの請求を認容しました。

（変更の登記及び消滅の登記）

第10条　この編の規定により登記した事項に変更が生じ，又はその事項が消滅したときは，当事者は，遅滞なく，変更の登記又は消滅の登記をしなければならない。

会社法関連条文

（変更の登記及び消滅の登記）

第909条　この法律の規定により登記した事項に変更が生じ，又はその事項が消滅したときは，当事者は，遅滞なく，変更の登記又は消滅の登記をしなければならない。

§1　変更登記・消滅登記

　第8条の§2（26頁参照）で述べたように，絶対的登記事項が必ず登記をしなければならないのに対して，相対的登記事項は登記するかどうかは任意とされます。しかし相対的登記事項であっても，いったん登記された後に当該事項について変更・消滅が生じた場合には，変更または消滅の登記をしなければなりません。

第4章　商　号

（商号の選定）

第11条①　商人（会社及び外国会社を除く。以下この編において同じ。）は，その氏，氏名その他の名称をもってその商号とすることができる。

②　商人は，その商号の登記をすることができる。

会社法関連条文

（商号）

第6条①　会社は，その名称を商号とする。

②　会社は，株式会社，合名会社，合資会社又は合同会社の種類に従い，それぞれその商号中に株式会社，合名会社，合資会社又は合同会社という文字を用いなければならない。

③　会社は，その商号中に，他の種類の会社であると誤認されるおそれのある文字を用いてはならない。

用語解説

商号——商人が営業上自己を表すために用いる名称のこと。

会社——株式会社・合名会社・合資会社・合同会社のこと。

外国会社——外国の法令に準拠して設立された法人で会社と同種又は類似するもの。

§1　商号・商標・営業標の区別

　商号（商法11条）は，名称ですから，単なる記号や図形は商号ではありません。外国文字による商号は，平成14年（2002年）から登記できるようになり，ローマ字などの表記による会社の商号が認められるようになりました（商業登記規則50条）。商標（商標2条1項）は，商人が自己の取り扱う商品や提供する役務（サービス）を他の商人の商品・役務から区別するために営業上用いる標識のことをいいます。また営業標は，商人がその営業を表示するために用いる記号です。たとえば，「株式会社朝日新聞社」は商号ですが，隷書体の「朝日新聞」は商標です。また「三菱商事株式会社」は商号ですが，♣は営業標です。

§2　ペコちゃんは立体商標

　平成8年（1996年）の商標法改正で立体商標が認められ，ペコちゃんやカーネルサンダースの登録ができるようになりました。さらに平成26年（2014年）改正では，色彩や音についての商標も認められることになり，商標法2条1項では，商標として登録できる対象（標章）を「人の知覚によって認識できるもののうち，文字，図形，記号，立体的形状若しくは色彩又はこれらの結合，音その他政令で定めるもの」と定めています。従来から議論のあった「人の氏名を商標として登録できるのか」についてもメタバース市場での法規制の必要性から認められるようになるでしょう。

§3　商号の起源

　わが国では江戸時代，町人は姓氏をつけることは許されず，屋号で自らを表していました。その屋号がそのまま商号に引き継がれたものもあります。たとえば，松坂屋・大丸（享保2年に京都伏見に創業）などです。屋号は，しだいにその商人の信用を表すものとなってきました。それ故，江戸時代の商人たちは，屋号を暖簾として非常に重んじ，これを汚される行為を著しくきらったのです。

　明治維新後，人々がすべて姓氏を称することが可能になってからは，商人は自己の氏名をもって商号とすることもでき，この屋号を用いる習慣は，しだい

にその氏名やその他の名称と共に商号の地位を獲得するようになったのです。

§4　商号選定の自由

　「名は体を表す」とも言われますが，商人の営む営業の実体とその名称が一致していなければいけないという立場（商号真実主義）からは，公衆の信頼を保護するために営業内容とかけ離れた商号を用いることは許されないことになります。しかし，わが国の商法では，原則として商人は自由に商号を選ぶことができるという立場（商号自由主義）をとっており，野菜を売る商人が「魚屋」という商号を用いることも法律上は可能なのです。この商号自由主義という立場は，商人の便宜と利益を考えたものですが，他方で，商号の使用に伴う社会的信用やその影響を考えて，利害関係者の判断に誤りが生じることを防ぐ必要から，一定の制限が加えられています。

§5　商号選定の自由に対する制限

①　会社名使用の制限——会社は，その商号中に会社の種類がはっきり分かるように表記しなければなりません（会社法6条2項3項）。反対に，会社でない者は，会社であると誤認されるような文字（商会など）をその名称や商号に使用してはいけません（会社法7条）。罰則の規定があります（会社法978条1号2号）。

②　業法による制限——銀行・保険などを営む者は，その文字を商号中に付さなければなりません。これらの業務を営まない者は，商号中にこれらの文字を使用してはなりません（銀行法6条，保険業法7条）。

③　不正目的による使用の制限——何人といえども，不正の目的をもって他の商人や他の会社であると誤認されるような名称や商号を使用することはできません（商法12条1項，会社法8条1項）。罰則の規定があります（商法13条，会社法978条3号）。

§6　商号の登記

　会社の商号は，必ず登記しなければなりません（会社法911条3項2号，912条2号，913条2号，914条2号）。けれども，個人商人については，その商号を登記するかどうかは任意であり，未登記のままでも適法に商号を使用する限り，他人に妨害されることなく商号を使用する権利が認められます。なお，会社の名称である商号は1会社につき1つとされ，個人商人の場合でも，同一の営業については1つの商号しか使用が認められていません（商号単一の原則）。ただし個人商人が複数の営業を営む場合には，各営業ごとに違う商号を用いることができます（商業登記法43条1項3号）。

　登記商号に認められる効力として，同一所在場所における同一商号登記の禁止があります。すなわち，すでに他人が登記した商号と同一の商号は，その営業所（会社の場合は本店）の所在場所がその他人の商号登記に係る営業所の所在場所と同一であるときは，登記できません（商業登記記27条）。後掲44頁の判例（最判昭36・9・29）参照。

　（他の商人と誤認させる名称等の使用の禁止）

第12条①　何人も，不正の目的をもって，他の商人であると誤認されるおそれのある名称又は商号を使用してはならない。

②　前項の規定に違反する名称又は商号の使用によって営業上の利益を侵害され，又は侵害されるおそれがある商人は，その営業上の利益を侵害する者又は侵害するおそれがある者に対し，その侵害の停止又は予防を請求することができる。

　（過料）

第13条　前条第1項の規定に違反した者は，100万円以下の過料に処する。

会社法関連条文

（会社と誤認させる名称等の使用の禁止）

第7条　会社でない者は，その名称又は商号中に，会社であると誤認されるおそれのある文字を用いてはならない。

第8条①　何人も，不正の目的をもって，他の会社であると誤認されるおそれのある名称又は商号を使用してはならない。

②　前項の規定に違反する名称又は商号の使用によって営業上の利益を侵害され，又は侵害されるおそれがある会社は，その営業上の利益を侵害する者又は侵害するおそれがある者に対し，その侵害の停止又は予防を請求することができる。

第978条　次のいずれかに該当する者は，100万円以下の過料に処する。

一　第6条第3項の規定に違反して，他の種類の会社であると誤認されるおそれのある文字をその商号中に用いた者

二　第7条の規定に違反して，会社であると誤認されるおそれのある文字をその名称又は商号中に使用した者

三　第8条第1項の規定に違反して，他の会社（外国会社を含む。）であると誤認されるおそれのある名称又は商号を使用した者

用語解説

不正の目的──ある名称や商号を使用することで，他の商人（会社）が営業主体であるかのような誤認を生じさせようとする目的。

他の商人であると誤認されるおそれのある名称・商号── 一般人の判断を基準にして，営業主体の混同誤認を生ずるおそれがあると認められるような他の商人と同じような氏・氏名・その他の名称や商号。

営業上の利益を侵害される──収益の減少や信用の失墜などの不利益を受けること。

侵害の停止・予防──その名称・商号の使用差止，登記の抹消請求，損害賠

償の請求等。

§1　商号権

　商人（会社）が自らの商号について有する権利を商号権といいます。商人の名前である商号については，人格的な権利が認められると共に，財産権的価値のあるものとしての保護が与えられています。商号権は，①商人がその商号を，他人より妨げられずに使用できる「商号使用権」と，②商人が他人の不正使用する同一又は類似の商号を排除できる「商号専用権」に分けられ，これらの権利は，商号が登記されているか否かに関係なく認められます。

§2　商号権の具体例

　Xは，個人商店の「甲菓子本舗」を営み，A市において50年来の和菓子の老舗として名声を得ていたところ，最近，同市に「甲菓子総本店」を名乗るYが開業し，その商号を登記したうえで，類似の商品を販売し始めました。Xは，Yに対してどのような請求ができるのでしょうか。Xが，「甲菓子本舗」を商号登記していなかったとしても，Yに不正の目的があり，Yの使用する「甲菓子総本店」がXの商号「甲菓子本舗」と誤認されるようなものであり，XがYの商号使用により営業上の利益を侵害されていたような場合には，商法12条2項によりYの商号の使用差止（登記の抹消・変更）を求めることができます。

§3　不正競争防止法による保護

　商法・会社法とは異なる法律要件の下で，商号の保護を規定しているのは不正競争防止法です。この法律では，事業者間の公正な競争を確保するために，「不正競争」にあたる行為を列挙したうえで規制を行っています。同法の2条1項では，商品等表示（人の業務に係る氏名，商号，商標，標章，商品の容器若しくは包装その他の商品又は営業を表示するもの）について，その周知表示の混同惹起行為（1号）と著名表示の冒用行為（2号）を不正競争としたうえで，差止請求権（3条）や損害賠償（4条）を認めています。例えば，§2の具体例でXの商号

「甲菓子本舗」に周知性（需要者の間に広く認識されている）が認められるならば，不正競争防止法による差止や損害賠償の請求も考えられるでしょう。

§4　フランチャイズ契約

　現代の取引社会の中で，同じ商号・商標を利用する販売形態として無視できないのは，フランチャイズ契約です。セブン-イレブン，ダスキンなど，私たちの周りにはたくさんのフランチャイズチェーンが増えてきました。日本フランチャイズチェーン協会（ＪＦＡ）の定義によれば，「フランチャイズとは，事業者（フランチャイザー）が他の事業者（フランチャイジー）との間に契約を結び，自己の商標，サービスマーク，トレード・ネームその他の営業の象徴となる標識，および経営のノウハウを用いて，同一のイメージのもとに商品の販売その他の事業を行う権利を与え，一方，フランチャイジーはその見返りとして一定の対価を支払い，事業に必要な資金を投下してフランチャイザーの指導および援助のもとに事業を行う両者の継続的関係をいう」とされています。

フランチャイズの例

チェーン名	業　種	資本金 （万円）	ＦＣ 事業の 開　始	国　内 店舗数	加盟金 （万円, 税別）	ロイヤルティ （％）	契約 期間 （年）
セブン-イレブン	コンビニエンスストア	1,720,000	1974年 5月	20,260 (2017)	250～ 300	43～76	15
マクドナルド	ハンバーガー	10,000	1976年 2月	2,898 (2017)	250	3	10
ケンタッキーフライドチキン	ファーストフード	729,750	1970年 7月	1,153 (2017)	250	4	2
明光義塾	学習塾	96,660	1984年 9月	2,107 (2013)	300	10	3
BOOKOFF	書籍小売	256,400	1991年 10月	837 (2016)	200	4	5

ドトールコーヒーショップ	コーヒーショップ	1,114,100	1980年4月	1,123 (2016)	150	2	5

（注）　ＦＣとはフランチャイズチェーンの略。国内店舗数は，各年度におけるもの。
　　　　ＪＦＡフランチャイズガイド（http://fc-g.jfa-fc.or.jp/）より作成。

　フランチャイジーも独立した商人であり，経営のリスクは自らが負うことになりますが，広く知られているチェーン名やマーク，イメージを利用し，経営のノウハウを用いて有利に事業を行うことができるメリットがあります。フランチャイザーには，低コストで市場を拡大できるメリットがあります。他方において，大事なブランドイメージを落とさないために，店舗仕様，取扱商品，サービス内容，メニューなどについて，フランチャイザーの経営方針にフランチャイジーは従わなければなりません。

フランチャイザー	フランチャイズパッケージの提供─→	フランチャイジー
	・商標，チェーン名などの標章の使用権 ・経営上のノウハウの利用権 ・経営の指導や援助など	
	←──ロイヤルティの支払い	

§5　フランチャイズ契約に関する法規制

　フランチャイズ契約については，フランチャイジーには商売未経験な者も多いので，契約の締結前に行う情報の提供が大事になります。中小小売商業振興法11条が，特定連鎖化事業の運営の適正化として，次のような法規制を行っています。

> **中小小売商業振興法第11条**
> 　連鎖化事業であつて，当該連鎖化事業に係る約款に，加盟者に特定の商

標，商号その他の表示を使用させる旨及び加盟者から加盟に際し加盟金，保証金その他の金銭を徴収する旨の定めがあるもの（以下「特定連鎖化事業」という。）を行う者は，当該特定連鎖化事業に加盟しようとする者と契約を締結しようとするときは，経済産業省令で定めるところにより，あらかじめ，その者に対し，次の事項を記載した書面を交付し，その記載事項について説明をしなければならない。

　一　加盟に際し徴収する加盟金，保証金その他の金銭に関する事項
　二　加盟者に対する商品の販売条件に関する事項
　三　経営の指導に関する事項
　四　使用させる商標，商号その他の表示に関する事項
　五　契約の期間並びに契約の更新及び解除に関する事項
　六　前各号に掲げるもののほか，経済産業省令で定める事項

§6　コンビニで安くおにぎりを売ってはだめ？

　コンビニエンスストアのフランチャイズ契約では，売上総利益（売上高から売上商品原価を控除したもの）に一定の率を乗じた額をロイヤルティとして加盟店から収受する方式が多いのですが，店で廃棄された商品についてのロス原価は売上商品原価に算入しないため，売上総利益は廃棄ロスの分大きく計算されます。その結果，加盟店は廃棄ロスの分大きくなった売上総利益に基づいて計算されたロイヤルティも支払うことになります。つまり，「販売価格100円／個　売上原価40円／個」と考えます。

　10個仕入れて，9個販売したとして，売上原価に参入しないでロイヤルティと廃棄ロスを考えると，

100円／個×9個−40円／個×9個＝900円−360円＝540円（売上総利益）

ロイヤルティ　540円×20％＝108円

廃棄ロス40円

売上原価に参入すると，

100円／個× 9 個－（40円／個× 9 個＋40円）＝900円－400円＝500円（売上総利益）

ロイヤルティ 500円×20％＝100円

となります。弁当やおにぎりなどのデイリー商品について，販売期限近くで値引き販売すること（見切り販売）を加盟店に禁じていた本部の行為に対して，公正取引委員会は，独占禁止法第19条の不公正な取引方法－優越的な地位の濫用（旧一般指定14項 4 号）に当たるとして排除措置命令（同法第20条）を出しています（平成21年 6 月22日）（公正取引委員会審決集56巻第二分冊 6 頁）。

【判例】　不正の目的による商号の使用（最判昭36・ 9 ・29民集15・ 8 ・2256）

　　X 会社（東京瓦斯株式会社）は，関東一円でガスを供給しており，その商号は広く認識されていました。X 会社が東京都中央区に本店を移転することを知った Y 会社（新光電設株式会社，本店所在地は東京都中央区）は，その商号を「東京瓦斯株式会社」と変更して登記を行いました（商業登記法27条（同一所在場所における同一の商号の登記の禁止）－平成17年改正前・類似商号登記の禁止－参照）。そこで X 会社が Y 会社に対して，商号の使用禁止および商号登記の抹消を請求しました。最高裁判所は，「Y 会社が『東京瓦斯株式会社』なる商号を使用することは不正の目的をもって X 会社の営業と誤認させる商号の使用であり，X 会社はこれによって利益を害されるおそれがある」として，X 会社の請求を認容しました。

【判例】　不正の目的による商号の使用（知財高判平19・ 6 ・13判時2036・117，百選10）

　　X 会社（スポーツ・マーケティング・ジャパン株式会社）は，Y 会社（ジャパン・スポーツ・マーケティング株式会社）に対して，会社法 8 条に基づき Y 商号の使用差止等を求め，訴えを提起しました。知的財産高等裁判所は，「会社法 8 条‥‥は，故意に信用のある他人の名称又は商号を自己の商号であるかのように使用

して一般公衆を欺くというような反社会的な事象に対処すること等を目的として設けられたものである・・同条にいう『不正の目的』は，他の会社の営業と誤認させる目的，他の会社と不正に競争する目的，他の会社を害する目的など，特定の目的のみに限定されるものではないが，不正な活動を行う積極的な意思を有することを要するものと解するのが相当である」とした上で，我が国のスポーツマーケティング業界において，ＹはＸをはるかに上回る活動歴，信用及び知名度があり，ＹにはＸの営業と誤認させる目的，Ｘと不正に競争する目的，Ｘを害する目的は認められず，不正な活動を行う積極的な意思はなかったとして『不正の目的』を認めず，Ｘ会社の控訴を棄却しました。

> （自己の商号の使用を他人に許諾した商人の責任）
> 第14条　自己の商号を使用して営業又は事業を行うことを他人に許諾した商人は，当該商人が当該営業を行うものと誤認して当該他人と取引をした者に対し，当該他人と連帯して，当該取引によって生じた債務を弁済する責任を負う。

会社法関連条文

> （自己の商号の使用を他人に許諾した会社の責任）
> 第９条　自己の商号を使用して事業又は営業を行うことを他人に許諾した会社は，当該会社が当該事業を行うものと誤認して当該他人と取引をした者に対し，当該他人と連帯して，当該取引によって生じた債務を弁済する責任を負う。

用語解説

営業又は事業を行うこと――営業活動，事業活動を営むこと。会社法では事業という用語が使用されているが，営業と同じ意味である。

許諾した――商号の利用を許すこと。対価を受けとって行う名義貸し，看板貸しのような明示の許諾の他に，勝手に商号を利用されたまま放置しておくことが状況や事情により黙示の許諾と判断される場合もある。

連帯して――同一内容の債務について数人の債務者が各自独立にその全部について弁済する義務を負うが，そのうちの一人が弁済することで，他の債務者も債権者に対して債務を免れる関係にあること。

債務――債権者に対して一定の行為（給付）を行うべき義務。

§1　名板貸（ないたがし）の責任

　名板貸は，商品取引所の免許を受けた取引員の名義を借りて営業を行うという商慣習から生まれたといわれますが，昭和13年（1938年）の商法改正で名板貸の責任が法定されました（平成17年（2005年）改正前商法23条）。名板貸とは，商人Aが，自己の商号を使用して営業・事業を行うことを他人Yに許すことをいいます。この場合，Y（名板借人）の営業でその取引の相手方となったXが，名義人であるA（名板貸人）を営業主であると信じて取引した場合には，そのような外観を信頼したXを保護するために，その取引により生じた債務について，AもYと連帯して同じ責任を負わなければなりません。これが，禁反言の法理や権利外観の法理に基づくとされる名板貸の責任です。Xは，資産もあり信用もあるAが自分の取引相手であると思って安心して取引を結んだが，実際にはYが営業主であり，Yからの取引代金を回収できなくなってしまったような場合に，商号の使用を許諾して，Xの誤認を招くような原因を作ったAにも責任を負わせるのが公平であるとする考えから設けられた責任規定なのです。

§2 名板貸の責任の発生要件

　ある外観の存在と，それを作り出した者に責任を負わせるべき理由があり，そしてその外観を第三者が信頼したという3つの要件が認められる場合には，外観どおりの責任を認めて第三者を保護していこうとする考え方があります。これを，広く「外観法理」，「権利外観理論」といいます。この考え方は，本条のほかに，表見支配人（商法24条，会社法13条），表見代表取締役（会社法354条），誤認行為による社員責任（会社法588条・589条）等の多くの規定についての法的な根拠になっています。

§3 取引によって生じた債務についての責任

　名板貸人が責任を負わなければならないのは，名板借人とその相手方との間に生じた代金債務などの直接の取引上の債務だけではなく，債務不履行による損害賠償の義務や契約解除に基づく原状回復の義務なども含まれます。しかし交通事故などの不法行為（事実的不法行為）による損害賠償の義務については，名板貸人を加害者だと信じたために被害者が名板借人の起こした事故に巻き込まれたというような関係が認められるわけではありませんから，本条による責任は認められません。ただし，同じ不法行為でも，手形詐欺や取り込み詐欺のような取引行為の外形のなかで行われるもの（取引的不法行為）については，被害者の信頼とその損害との間にはつながり（因果関係）があると考えられますから，名板貸人の責任が問われることになるでしょう。

【判例】「現金屋」事件（最判昭43・6・13民集22・6・1171，百選13）

　Yは「現金屋」という商号で電気器具商を営んでいましたが，経営不振で廃業し，その後，Yのもとで使用人として働いていたAが，「現金屋」の看板のまま同じ店舗で食料品店を始めました。さらにY名義の印鑑も譲り受け，Y名義で銀行に普通預金をしていたというような事情もありました。最高裁判所は，「現に一定の商号をもって営業を営んでいるか，または従来一定の商号をもっ

て営業を営んでいた者が，その商号を使用して営業を営むことを他人に許諾した場合に右の責任を負うのは，特段の事情のないかぎり，商号使用の許諾を受けた者の営業がその許諾をした者の営業と同種の営業であることを要する」としたうえで，前述のような事実関係のもとにおいては，責任を負うべき特段の事情がある場合にあたるとしました。

【判例】　スーパーマーケットの名義貸責任（最判平7・11・30民集49・9・2972，百選14）

　Xは，Yが経営するスーパーマーケットの屋上でペットショップを経営するZから，手乗りインコを購入して飼育していたところ，手乗りインコよりXら家族がオウム病性肺炎にかかり，Xの家族が死亡しました。そこでXはYに対し，商法旧23条（商法14条に相当）および民法415条に基づき損害賠償を請求しました。最高裁判所は，「本件においては，一般の買物客がZの経営するペットショップの営業主体はYであると誤認するのもやむをえないような外観が存在したというべきである。そして，Yは，・・・外観を作出し，又はその作出に関与していたのであるから，Yは，商法23条の類推適用により，買物客とZとの取引に関して名板貸人と同様の責任を負わなければならない」としました。

　その後，上記の最高裁判所の判例を引用して，ホテル内のテナントであるマッサージ店の利用客が後遺傷害を負った事例で，マッサージ店の営業主体がホテルであると混同誤認させる外観の存在とその外観作出へのホテルの関与を認めて，会社法9条の類推適用によるホテルの責任を認める判決が出ています（大阪高判平28・10・13金判1512・8）。

　（商号の譲渡）

第15条①　商人の商号は，営業とともにする場合又は営業を廃止する場合に限り，譲渡することができる。

②　前項の規定による商号の譲渡は，登記をしなければ，第三者に対抗することができない。

---

§1　営業と商号の関係

　商号は，経済的には企業の信用をあらわすものとして財産的価値が認められ，譲渡や相続の対象となります（商業登記法30条）。しかし，商号が同じであれば営業も同じであろうと考える一般の公衆に対して無用の誤解が生じないように，譲渡人がその営業を廃止しない限りは，商号のみの単独での譲渡は認めず，営業の譲渡と一体化した処分しか許していません。商号の譲渡は，当事者の意思表示（民法176条）のみで可能ですが，第三者に対抗するためには，譲渡の登記が必要です。したがって，商号の二重譲渡の場合には，先に登記した者に商号の権利が認められます。

　商号の譲渡による変更の登記の申請には，譲渡人の承諾書と商法15条1項の規定に該当することを証明する書面を添付しなければなりません（商業登記法30条2項）。なお会社には，商号の譲渡に関する規定は適用されません（商業登記法34条2項参照）。

§2　営業とは何か

　商法における営業については，「主観的意義の営業」と「客観的意義の営業」に分けることができます。「主観的意義の営業」は商人の営業活動それ自体をいい，利益を得る目的で同じ行為を反復継続して行うことを意味する（例：商法5条・6条・14条・23条・27条など）のに対して，「客観的意義の営業」は一定の営業目的のために組織づけられ，有機的一体として機能する営業財産のことを意味します（例：商法15条〜18条の2など）。そして「主観的意義の営業」は「客観的意義の営業」の存在を前提として行うことができ，また「客観的意義の営業」は「主観的意義の営業」によって増減することから，両者は密接不可分の関係にあります。

§3　営業所の意味と本店・支店との関係

　営業所は，営業活動の中心たる場所でなければなりませんが，そのためには，

単に内部的に指揮命令がそこから発せられるだけでは足りず，外部的にも営業活動の中心として現れる場所でなければなりません。そこで，①単に商品の製造や受渡しをなすにすぎない工場や倉庫は営業所ではなく，②他に存する営業所に完全に従属して，一定の範囲で独立した中心をなさない鉄道の駅・停車場・博覧会の売店なども営業所ではなく，相当期間継続して固定していることが必要であり，移動的な夜店も営業所ではありません。

　商人が1個の営業について数個の営業所を有するときには，全営業を総括する営業所が本店であり，これに従属する営業所が支店となります。

§4　営業所の機能

営業所には法律によって，次のような機能があります。

① 　債務履行の場所となる（商法516条）。

② 　商業登記に関する管轄登記所を定める標準となる（商業登記法1条の3，会社法911条〜932条）。

③ 　営業に関する訴訟についての裁判籍決定の標準となる（民事訴訟法4条4項・5条5号）。

④ 　破産，再生，更生事件の裁判籍決定の標準となる（破産法5条1項，民事再生法5条1項，会社更生法5条1項・2項）。

⑤ 　民事訴訟上の書類送達の場所となる（民訴103条1項）。

⑥ 　その営業・事業を行うための支配人を選任できる（商法20条，会社法10条）。

⑦ 　表見支配人の適用基準となる（商法24条，会社法13条）。

（営業譲渡人の競業の禁止）

第16条①　営業を譲渡した商人（以下この章において「譲渡人」という。）は，当事者の別段の意思表示がない限り，同一の市町村（特別区を含むものとし，地方自治法（昭和22年法律第67号）第252条の19第1項の指定都市にあっては，区又は総合区。

　以下同じ。）の区域内及びこれに隣接する市町村の区域内におい
　ては，その営業を譲渡した日から20年間は，同一の営業を行っ
　てはならない。
②　　譲渡人が同一の営業を行わない旨の特約をした場合には，そ
　の特約は，その営業を譲渡した日から30年の期間内に限り，そ
　の効力を有する。
③　　前2項の規定にかかわらず，譲渡人は，不正の競争の目的を
　もって同一の営業を行ってはならない。

会社法関連条文

（譲渡会社の競業の禁止）
第21条①　事業を譲渡した会社（以下この章において「譲渡会社」という。）
　は，当事者の別段の意思表示がない限り，同一の市町村（特別区を含む
　ものとし，地方自治法（昭和22年法律第67号）第252条の19第1項の指
　定都市にあっては，区又は総合区。以下この項において同じ。）の区域内
　及びこれに隣接する市町村の区域内においては，その事業を譲渡した日
　から20年間は，同一の事業を行ってはならない。
②　譲渡会社が同一の事業を行わない旨の特約をした場合には，その特約
　は，その事業を譲渡した日から30年の期間内に限り，その効力を有する。
③　前2項の規定にかかわらず，譲渡会社は，不正の競争の目的をもって
　同一の事業を行ってはならない。

§1　営業譲渡の意義

　営業譲渡とは，客観的意義の営業である営業財産を譲渡することをいいます。
これについて判例は，「一定の目的のために組織化され，有機的一体として機
能する財産（得意先関係などの経済的価値のある事実関係を含む。）の全部または重

要な一部を譲渡し，これによって，譲渡会社がその財産によって営んでいた営業的活動の全部または重要な一部を譲受人に受け継がせ，譲渡会社がその譲渡の限度に応じ法律上当然に同法25条【現行会社法21条・商法16条】に定める競業避止義務を負う結果を伴うものをいう」と解しています（最判昭40・9・22民集19・6・1600，百選15）。

　営業譲渡の対象となる営業財産は，積極財産と消極財産（営業によって生じた一切の債務）によって構成されます。このうち積極財産は①商品，現金，有価証券，機械，器具，原材料，土地などの有形資産，②物権，債権，無体財産権（特許権・商標権など）などの無形資産，③暖簾・老舗（一定の店舗の多年にわたる営業活動から生じる無形の経済的利益やその店の伝統，信用など）のような事実関係によって構成されます。このうち③暖簾・老舗は，他の財産を有機的に機能させる潤滑油のような働きをもつものであり，これにより営業は1つ1つの構成財産の価値の総和よりも高い価値を有することになるのです。

　＊のれんの評価については，商法施行規則5条6項，会社計算規則11条参照。

§2　営業譲渡の効果

　営業譲渡の効果として，譲渡人は譲受人に対して営業財産を移転する義務を負いますが，合併のような包括承継ではないため，個々の財産の移転手続きをとる必要があります。具体的には，登記や引渡などの対抗要件（民法177条・178条・467条など）を具備し，得意先や仕入先関係などを紹介しなければなりません。

　また，譲渡人は原則として競業避止義務を負うことになります（商法16条）。これは，営業譲渡が行われた後も譲渡人が従来通りの営業活動をすると，得意先が新たな取引相手である譲受人よりも，長年取引をしていた譲渡人との取引を選択するなど，営業譲渡に伴う経済的利益を譲受人が受けられないおそれがあるからです。しかし譲渡人が一切営業活動を行えないとすると，譲渡人の営業の自由（憲法22条1項参照）を奪ってしまいます。そこで商法は，①特約がない限り，同一または隣接する市町村（東京23区および政令指定都市における区を含

む）の区域内においては，20年間は同一の営業をしてはならない，②譲渡人が同一の営業を行わない旨の特約をした場合，その特約は30年間効力を有する，③前記①②に該当しない場合であっても，譲渡人は不正の競争の目的をもって同一の営業をしてはならないとして，譲渡人の利益と譲受人の利益との調整を図っています。

（譲渡人の商号を使用した譲受人の責任等）

第17条①　営業を譲り受けた商人（以下この章において「譲受人」という。）が譲渡人の商号を引き続き使用する場合には，その譲受人も，譲渡人の営業によって生じた債務を弁済する責任を負う。

②　前項の規定は，営業を譲渡した後，遅滞なく，譲受人が譲渡人の債務を弁済する責任を負わない旨を登記した場合には，適用しない。営業を譲渡した後，遅滞なく，譲受人及び譲渡人から第三者に対しその旨の通知をした場合において，その通知を受けた第三者についても，同様とする。

③　譲受人が第1項の規定により譲渡人の債務を弁済する責任を負う場合には，譲渡人の責任は，営業を譲渡した日後2年以内に請求又は請求の予告をしない債権者に対しては，その期間を経過した時に消滅する。

④　第1項に規定する場合において，譲渡人の営業によって生じた債権について，その譲受人にした弁済は，弁済者が善意でかつ重大な過失がないときは，その効力を有する。

会社法関連条文

（譲渡会社の商号を使用した譲受会社の責任等）

第22条①　事業を譲り受けた会社（以下この章において「譲受会社」という。）が譲渡会社の商号を引き続き使用する場合には，その譲受会社も，譲渡会社の事業によって生じた債務を弁済する責任を負う。

②　前項の規定は，事業を譲り受けた後，遅滞なく，譲受会社がその本店の所在地において譲渡会社の債務を弁済する責任を負わない旨を登記した場合には，適用しない。事業を譲り受けた後，遅滞なく，譲受会社及び譲渡会社から第三者に対しその旨の通知をした場合において，その通知を受けた第三者についても，同様とする。

③　譲受会社が第1項の規定により譲渡会社の債務を弁済する責任を負う場合には，譲渡会社の責任は，事業を譲渡した日後2年以内に請求又は請求の予告をしない債権者に対しては，その期間を経過した時に消滅する。

④　第1項に規定する場合において，譲渡会社の事業によって生じた債権について，譲受会社にした弁済は，弁済者が善意でかつ重大な過失がないときは，その効力を有する。

§1　商号を続用した場合の法律関係

　営業譲渡は営業財産のすべてが移転されるとは限らず，譲渡人の営業によって生じた債権債務を譲受人が引き継がないことも考えられます。しかし譲渡人の商号を譲受人が続用する場合，譲渡人の債権者は，譲渡人の債務を譲受人が引き受けたものと考えるのが通常であることから，取引の安全を保護するため，譲渡人の債務について譲受人も弁済責任を負うとしています（商法17条1項）。

　この場合でも一定の要件（登記や通知による免責）を満たした場合，譲受人が譲渡人の債務の弁済責任を負うことはありません（商法17条2項）。なお譲受人が譲渡人の債務の弁済責任を負う場合には，営業譲渡の日から2年経過すると

譲渡人の責任は消滅します（商法17条3項）。

　また譲渡人の商号を譲受人が続用する場合，弁済先誤認のおそれがあることから取引の安全を保護するため，譲渡人の債務者が譲受人に対して善意・無重過失でした弁済を有効としています（商法17条4項）。

【判例】　営業譲渡と商号の続用（最判昭38・3・1民集17・2・280，百選17）

　A会社（有限会社米安商店）は，B会社に約束手形を振出し，当該手形がX会社に裏書譲渡されました。その後A会社は解散し，A会社の営業を譲り受けたY会社（合資会社新米安商店）が設立されました。そこでX会社はY会社に対して手形金の支払いを求めました。最高裁判所は，「会社が事業に失敗した場合に，再建を図る手段として，いわゆる第二会社を設立し，従来の商号に『新』の字句を附加して用いるのが通例であって，この場合『新』の字句は，取引の社会通念上は，継承的字句ではなく，却って新会社が旧会社の債務を承継しないことを示すための字句であると解せられる」として，X会社の請求を棄却しました。

【判例】　ゴルフクラブの名称の継続使用と商法17条1項（会社法22条1項）の
**　　　　類推適用（最判平16・2・20民集58・2・367，百選18）**

　Xは，ゴルフクラブを経営していたAに対し，ゴルフクラブ正会員資格取得のための預託金の返還を請求する訴訟を提起し請求認容の判決を得ました。ところが当該ゴルフクラブはAからYに営業譲渡されており，Yは当該ゴルフクラブの名称を継続使用して経営していたことから，XはYに対して，商法旧26条1項（商法17条1項，会社法22条1項に相当）の類推適用に基づき，当該預託金の支払いを求めました。最高裁判所は，「ゴルフ場の営業が譲渡され，譲渡人が用いていたゴルフクラブの名称を譲受人が継続して使用しているときには，・・・特段の事情がない限り，会員において，同一の営業主体による営業が継続しているものと信じたり，営業主体の変更があったけれども譲受人により譲渡人の債務の引受けがされたと信じたりすることは，無理からぬものとい

うべきである」として，商法旧26条1項の類推適用を否定した原審の判決を破棄差戻しました。

【判例】　会社分割とゴルフクラブ名の続用（最判平20・6・10判時2014・150, 百選19）

　X社は，Bゴルフクラブを経営していたA社に対して，ゴルフクラブ正会員取得のための預託金を預託していました。その後当該ゴルフクラブはA社の会社分割により設立されたY社に事業が承継され，Y社がBゴルフクラブの名称を継続使用して経営をしていましたが，ゴルフクラブ会員に対する預託金返還債務は承継されませんでした。X社が商法旧26条1項の類推適用に基づき，A社およびY社に預託金の返還を請求したところ，第一審・原審ともに，A社に対する預託金返還請求を認容する一方で，Y社に対する預託金返還請求を棄却しました。最高裁判所は，前記最判平16・2・20を引用したうえで，「このことは，ゴルフ場の事業が譲渡された場合だけでなく，会社分割に伴いゴルフ場の事業が他の会社又は設立会社に承継された場合にも同様に妥当するというべきである」として，会社法22条1項の類推適用によりX社のY社に対する預託金返還請求を認容しました。

　（譲受人による債務の引受け）

　第18条①　譲受人が譲渡人の商号を引き続き使用しない場合においても，譲渡人の営業によって生じた債務を引き受ける旨の広告をしたときは，譲渡人の債権者は，その譲受人に対して弁済の請求をすることができる。

　②　譲受人が前項の規定により譲渡人の債務を弁済する責任を負う場合には，譲渡人の責任は，同項の広告があった日後2年以内に請求又は請求の予告をしない債権者に対しては，その期間を経過した時に消滅する。

会社法関連条文

（譲受会社による債務の引受け）

第23条①　譲受会社が譲渡会社の商号を引き続き使用しない場合において
も，譲渡会社の事業によって生じた債務を引き受ける旨の広告をしたと
きは，譲渡会社の債権者は，その譲受会社に対して弁済の請求をするこ
とができる。

②　譲受会社が前項の規定により譲渡会社の債務を弁済する責任を負う場
合には，譲渡会社の責任は，同項の広告があった日後2年以内に請求又
は請求の予告をしない債権者に対しては，その期間を経過した時に消滅
する。

§1　債務引受けの広告

　第17条の§1（54頁参照）で述べたように，営業譲渡は営業財産のすべてが移
転されるとは限らず，譲渡人の営業によって生じた債務を譲受人が引き受けな
いことも考えられます。しかし譲渡人の営業によって生じた債務を譲受人が引
き受ける旨の広告がなされた場合，その広告を信頼した譲渡人の債権者を保護
するため，債権者は譲受人に対して弁済の請求をすることができます。

　判例では，「鉄道軌道業並びに沿線バス事業を譲り受ける」という広告を債
務引受けの広告と判断したものがある一方（最判昭29・10・7民集8・10・1795），
3つの会社が営業を廃止し，その同一の業務を新たに設立された会社が行うと
いう趣旨の単なる挨拶状は，債務引受けの広告に当たらないとしたものもあり
ます（最判昭36・10・13民集15・9・2320，百選20）。

　なお譲受人が譲渡人の債務の責任を負う場合には，債務引受けの広告のあっ
た日から2年経過すると譲渡人の責任は消滅します（商法18条2項）。

（詐害営業譲渡に係る譲受人に対する債務の履行の請求）

第18条の2①　譲渡人が譲受人に承継されない債務の債権者（以下この条において「残存債権者」という。）を害することを知って営業を譲渡した場合には，残存債権者は，その譲受人に対して，承継した財産の価額を限度として，当該債務の履行を請求することができる。ただし，その譲受人が営業の譲渡の効力が生じた時において残存債権者を害することを知らなかったときは，この限りでない。

② 　譲受人が前項の規定により同項の債務を履行する責任を負う場合には，当該責任は，譲渡人が残存債権者を害することを知って営業を譲渡したことを知った時から2年以内に請求又は請求の予告をしない残存債権者に対しては，その期間を経過した時に消滅する。営業の譲渡の効力が生じた日から10年を経過したときも，同様とする。

③ 　譲渡人について破産手続開始の決定又は再生手続開始の決定があったときは，残存債権者は，譲受人に対して第1項の規定による請求をする権利を行使することができない。

会社法関連条文

（詐害事業譲渡に係る譲受会社に対する債務の履行の請求）

第23条の2①　譲渡会社が譲受会社に承継されない債務の債権者（以下この条において「残存債権者」という。）を害することを知って事業を譲渡した場合には，残存債権者は，その譲受会社に対して，承継した財産の価額を限度として，当該債務の履行を請求することができる。ただし，その譲受会社が事業の譲渡の効力が生じた時において残存債権者を害することを知らなかったときは，この限りでない。

② 譲受会社が前項の規定により同項の債務を履行する責任を負う場合には，当該責任は，譲渡会社が残存債権者を害することを知って事業を譲渡したことを知った時から2年以内に請求又は請求の予告をしない残存債権者に対しては，その期間を経過した時に消滅する。事業の譲渡の効力が生じた日から10年を経過したときも，同様とする。

③ 譲渡会社について破産手続開始の決定，再生手続開始の決定又は更生手続開始の決定があったときは，残存債権者は，譲受会社に対して第1項の規定による請求をする権利を行使することができない。

（商人との間での事業の譲渡又は譲受け）

第24条① 会社が商人に対してその事業を譲渡した場合には，当該会社を商法第16条第1項に規定する譲渡人とみなして，同法第17条から第18条の2までの規定を適用する。この場合において，同条第3項中「又は再生手続開始の決定」とあるのは，「，再生手続開始の決定又は更生手続開始の決定」とする。

② 会社が商人の営業を譲り受けた場合には，当該商人を譲渡会社とみなして，前3条の規定を適用する。この場合において，前条第3項中「，再生手続開始の決定又は更生手続開始の決定」とあるのは，「又は再生手続開始の決定」とする。

§1 詐害営業譲渡における残存債権者の保護

　営業譲渡においては，営業活動に必要な営業財産の大部分を譲受人に承継し，残りを譲渡人の手元に残すことも認められますが，これを濫用的に用いることも考えられます。すなわち，優良資産や営業継続に不可欠な取引先に対する債務を譲受人に移し，不良資産や借入金債務などを譲渡人に残すというもので，このような詐害営業譲渡の場合，譲渡人の債権者（残存債権者）は債権回収が困難になり，その利益が害されることになります。そこで平成26年（2014年）の商法改正により18条の2が新設され，詐害営業譲渡における残存債権者の保護

が図られることになりました（平成29年条文一部改正）。なお会社の詐害事業譲渡については会社法23条の2で同様のことが規定されています。また詐害会社分割についても吸収分割（会社法759条4項）と新設分割（会社法764条4項）にそれぞれ残存債権者の保護の規定が置かれています。

§2　残存債権者による譲受人に対する債務の履行の請求

　譲渡人が譲受人に承継されない債務の債権者（残存債権者）を害することを知って営業を譲渡した場合には，残存債権者は，譲受人に対して，承継した財産の価額を限度として，当該債務の履行を請求することができます（商法18条の2第1項本文）。「残存債権者を害することを知って」とは，譲渡人が営業譲渡時において，営業譲渡により残存債権者に対する弁済に支障をきたすことを知っていたことをいい，譲渡人の悪意は残存債権者が立証しなければなりません。

　またこの制度は譲渡人の残存債権者を保護するものですが，常に譲受人が責任を負うとすると，譲受人側の債権者の利益を害することになるので，営業の譲渡の効力が生じた時に譲受人が残存債権者を害することを知らなかったときは，譲受人は責任を負いません（商法18条の2第1項但書）。

　残存債権者に対する譲受人の責任は，譲渡人が残存債権者を害することを知って営業を譲渡したことを，残存債権者が知った時から2年以内に請求又は請求の予告をしないでその期間を経過したとき，および営業譲渡の効力が生じた日から10年を経過したときに消滅します（商法18条の2第2項）。

　これは民法上の詐害行為取消権の期間の制限（民法426条）にならったものです。また譲渡人について破産手続開始の決定または再生手続開始の決定があったときは，残存債権者による債務者に対する履行請求権の個別的行使が認められず（商法18条の2第3項），破産手続または再生手続が優先されます。

【判例】　詐害事業譲渡となる事業譲渡（東京地判平31・4・18　平30（ワ）
　　　4644 LEX/DB25581216）
　X社がA社に金銭を貸し付け，A社の代表Bがその債務を連帯保証していた。

A社は運営する各薬局の営業権等をY社に譲渡する事業譲渡契約を結んだ。

　Y社はA社の債務を承継しないことが合意されており，また事業譲渡の対価である3000万円は，Y社のA社に対する貸付金等と相殺され支払われなかった。X社は，本件事業譲渡がA社の事業全部の譲渡であり，譲受人であるY社にA社の金銭消費貸借契約上の債務が承継されていないこと，各薬局の営業権の価額の評価からすると3000万円は著しく不相当な価格であること，その事業譲渡の対価もY社がA社に対する債権との相殺を主張し一切支払われていないこと，以上により詐害事業譲渡であると主張した。

　裁判所は，A社の事業全部の譲渡であることを認め，Y社が相殺を理由に事業譲渡の代金を支払っていないことから「A社は，本件事業譲渡により，事業（収益源）の全部である本件各薬局の営業を喪失し，かつ，本件事業譲渡の代金の現実の支払も受けられず，残存債権者に対する債務の支払が困難となるのであるから，本件事業譲渡は，X社を含むA社の残存債権者を害する詐害事業譲渡であり，かつ，A社はそのことを知っていたと認めるのが相当である。」と判断した。またY社が事業譲渡契約締結当時，詐害事業譲渡であることを知らなかったという主張についても，裁判所は，本件事業譲渡はA社の残存債権者が害されるリスクの高い事業譲渡であり，A社が資金難から多額の貸付等をY社から受けており，A社の負債状況を予想できたはずであり，Y社が相殺の自働債権として主張する貸付金等の額は，事業譲渡契約の締結当時，既に事業譲渡の対価を超えていたのであるから，Y社は相殺を理由に譲渡代金を支払わないことをその時点で予定していたとして，Y社の詐害事業譲渡であることを知らなかった（善意）という主張を認めなかった。そして会社法23条の2第1項に基づき，Y社は，本件事業譲渡により承継した財産の価額を限度としてX社に対して金銭消費貸借契約上の債務を履行する責任を負うとした。

§3　商人・会社間での事業の譲渡又は譲受け

　譲渡側が会社で譲受側が商人となる事業譲渡がされた場合，譲渡会社は商法16条1項の譲渡人とみなされ，商法17条から18条の2の規定が適用されます

（会社法24条1項）。また譲渡側が商人で譲受側が会社となる営業譲渡がされた場合，譲渡人は会社法21条の譲渡会社とみなされ，会社法22条から23条の2が適用されます（会社法24条2項）。いずれも同趣旨の規定ですが，適用条文を明らかにしたものです。

第5章　商業帳簿

第19条①　商人の会計は，一般に公正妥当と認められる会計の慣行に従うものとする。

②　商人は，その営業のために使用する財産について，法務省令で定めるところにより，適時に，正確な商業帳簿（会計帳簿及び貸借対照表をいう。以下この条において同じ。）を作成しなければならない。

③　商人は，帳簿閉鎖の時から10年間，その商業帳簿及びその営業に関する重要な資料を保存しなければならない。

④　裁判所は，申立てにより又は職権で，訴訟の当事者に対し，商業帳簿の全部又は一部の提出を命ずることができる。

会社法関連条文

第431条　株式会社の会計は，一般に公正妥当と認められる企業会計の慣行に従うものする。

（会計帳簿の作成及び保存）

第432条①　株式会社は，法務省令で定めるところにより，適時に，正確な会計帳簿を作成しなければならない。

②　株式会社は，会計帳簿の閉鎖の時から10年間，その会計帳簿及びその事業に関する重要な資料を保存しなければならない。

（会計帳簿の提出命令）

第434条　裁判所は，申立てにより又は職権で，訴訟の当事者に対し，会計

　　帳簿の全部又は一部の提出を命ずることができる。

（計算書類等の作成及び保存）

第435条①　株式会社は，法務省令で定めるところにより，その成立の日における貸借対照表を作成しなければならない。

②　株式会社は，法務省令で定めるところにより，各事業年度に係る計算書類（貸借対照表，損益計算書その他株式会社の財産及び損益の状況を示すために必要かつ適当なものとして法務省令で定めるものをいう。以下この章において同じ。）及び事業報告並びにこれらの附属明細書を作成しなければならない。

③　計算書類及び事業報告並びにこれらの附属明細書は，電磁的記録をもって作成することができる。

④　株式会社は，計算書類を作成した時から10年間，当該計算書類及びその附属明細書を保存しなければならない。

用語解説

一般に公正妥当と認められる会計の慣行——営業上の財産及び損益の状況を明らかにする商業帳簿の作成目的に照らして公正妥当とされる会計の実務慣行である。「企業会計原則」（昭和24年　企業会計審議会）は主に上場会社等を対象とする。「中小企業の会計に関する指針」（平成17年　日本税理士連合会など4団体），「中小企業の会計に関する基本要領」（平成24年　中小企業の会計に関する検討会・中小企業庁）は中小企業の実態に即した会計処理のための基準を示している。

§1　商業帳簿

　商業帳簿とは，商人が営業上の財産および損益の状況を明らかにするため，商法上の義務として作成する帳簿のことです。商人は一定の財産をもとに営業活動を行い，それによって利益を獲得することを業とする者です。したがって

合理的な営業活動をするためには，どのような取引がなされ，それによってどのくらい財産が変動するのかを逐一記録することが必要であり，そのためのツールが商業帳簿です。また商人の債権者や会社の社員（出資者）も，取引相手や出資相手である商人（会社）がどのような経営状況であるかを把握するために，商業帳簿を閲覧することが有益です。つまり商業帳簿は，商人自身，債権者，出資者の利益を保護することを目的とするものです。

§2　会計帳簿

　会計帳簿とは，取引上その他営業上の財産に影響を及ぼすべき事項を記載した帳簿のことで，日記帳，仕訳帳，元帳がこれに該当します。会計帳簿は書面または電磁的記録によって作成されますが（商法19条2項，商法施行規則4条3項），その際には一般に公正妥当と認められる会計の慣行に従うものとされ（商法19条1項，商法施行規則4条2項），企業会計原則などの会計基準がこれに該当します。なお商法施行規則では財産の評価につき，資産については取得原価を，負債については債務額を原則として付さなければならないとしています（商法施行規則5条）。のれんについては有償で譲り受けた場合に限り，資産又は負債として計上することができます（商法施行規則5条）。

§3　貸借対照表

　貸借対照表とは，一定の時期における商人の財産の状態を表示する帳簿のことをいい，バランスシート（B／S）とも呼ばれます。表の左側（借方）に資産の部，右側（貸方）に負債の部および純資産の部に区分して表示し（商法施行規則8条），借方と貸方の金額が一致するように作成されます。作成の方法及び作成の基準については会計帳簿と同様です。なお会社の作成する貸借対照表については「会社計算規則」という法務省令によって詳細に規制されており，日本経団連からは「会社法施行規則及び会社計算規則による株式会社の各種書類のひな型（改訂版）」が公表されています。

§4　商人と帳簿

　人はいつから帳簿というものを付けるようになったのか，それは生産物の数量や働く人の員数とその日数などの経済活動を正しく記録する必要が生まれた時からと言えるかもしれませんが，複式簿記は，13世紀の北イタリアにおいて商人の日々の取引を記すための技法として誕生したとされます。当時のイタリアは，十字軍の遠征による兵士の移動・食料武器の調達のために莫大な資金が集まる地域でした。商人たちは用立てたお金を回収するために欧州各地に赴くとともに，その土地の特産物（例えば毛織物等）の交易に携わり，貿易商や両替商の活動が盛んになりました。調達した物資の交換のために市場が形成され，後日の取引決済を予定する信用取引（債権・債務関係の発生）が行われました。商人たちは，日々の様々な取引を正確な記録により証明するために，複式簿記の方法で帳簿を付けるようになりました。

　〔例〕　私（A）は，Bに100フローリンを貸した。

Bは返済すべし	Aは受け取るべし
debit	credit
借方	貸方

　取引には，貸し手と借り手，売り手と買い手という両者が存在するので，記録の正確性のためには双方の二重記録が必要となります。一つの取引では，必ず借方と貸方が対になり，また借方に記した金額と貸方に記した金額とは等しい額になる（貸借平均の原理）のです。

　商品を売るたびに入ってきた現金を借方に，出ていった商品を貸方に記入し，取引の完了時や期末時に，それらを集計して利益または損失を計算します。複式簿記は損益の計算をし，現金の増減だけではなく，それに伴う資産の変動や価値をも表すことができる記録方式なのです。

　商人は，日常様々な取引をつみ重ねて利益を上げていきますが，各取引を発生順に借記の勘定科目と貸記の勘定科目に同一金額をもって左右に分類し，列

記する手続きが仕訳です。

　取引は，貸借記入の規則により仕訳帳に記され，この記録が各勘定科目ごとに転記されて総勘定元帳が作られ，元帳に基づく残高試算表から貸借対照表・損益計算書が作成されます。

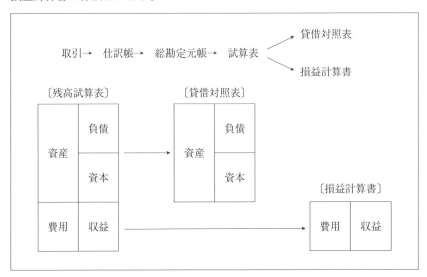

　残高試算表の右側は，どのようにしてお金を集めてきたのかを表わします。左側は，そのお金がどのように使われているのかを表わします。お金がどのような形で内部に在るのか（資産），どのような形で外部に出て行ったのか（費用）を表わします。

§5　商人（個人）の規制と会社法の規制との違い

　個人の商人についても会計帳簿に基づいて貸借対照表を作成することが義務づけられています(商法施行規則 7 条)。しかし損益計算書の作成は義務づけられていません。株式会社の場合には，計算書類（貸借対照表，損益計算書，株主資本等変動計算書，個別注記表）の作成が必要となります（会社法435条 2 項・会社法施行規則116条 2 号・会社計算規則59条 1 項）。また持分会社でも会社の種類による違いがありますが，計算書類（貸借対照表，損益計算書，社員資本等変動計算書，個別

注記表）の作成が求められます（会社法617条2項・会社法施行規則159条2号・会社計算規則71条1項）。

個人商店のサンプル

貸 借 対 照 表

| ○○商店 | | 令和○年12月31日現在 | | （単位：円） |

資　　産	金　額		負債及び純資産	金　額
現　　　金		150,000	買　掛　金	1,000,000
当 座 預 金		450,000	資　本　金	1,000,000
売　掛　金	700,000		当 期 純 利 益	205,000
貸 倒 引 当 金	35,000	665,000		
商　　　品		200,000		
貸　付　品		100,000		
建　　　物	800,000			
減価償却累計額	280,000	520,000		
備　　　品	300,000			
減価償却累計額	180,000	120,000		
		2,205,000		2,205,000

損 益 計 算 書

| ○○商店 | | 令和○年1月1日から令和○年12月31日まで | | （単位：円） |

費　　用	金　額	収　　益	金　額
売 上 原 価	1,650,000	売　上　高	2,300,000
給　　　料	408,000	受 取 手 数 料	90,000
貸倒引当金繰入	27,000		
減 価 償 却 費	100,000		
当 期 純 利 益	205,000		
	2,390,000		2,390,000

長屋信義・簿記テキストより引用

貸借対照表

（令和○年○月○日現在）　　　　（単位：百万円）

科目	金額	科目	金額
（資産の部）		（負債の部）	
流動資産	×××	流動負債	×××
現金及び預金	×××	支払手形	×××
受取手形	×××	買掛金	×××
売掛金	×××	短期借入金	×××
契約資産	×××	リース債務	×××
有価証券	×××	未払金	×××
商品及び製品	×××	未払費用	×××
仕掛品	×××	未払法人税等	×××
原材料及び貯蔵品	×××	契約負債	×××
前払費用	×××	前受金	×××
繰延税金資産	×××	預り金	×××
その他	×××	前受収益	×××
貸倒引当金	△×××	○○引当金	×××
固定資産	×××	その他	×××
有形固定資産	×××	固定負債	×××
建物	×××	社債	×××
構築物	×××	長期借入金	×××
機械装置	×××	リース債務	×××
車両運搬具	×××	○○引当金	×××
工具器具備品	×××	その他	×××
土地	×××	負債合計	×××
リース資産	×××	（純資産の部）	
建設仮勘定	×××	株主資本	×××
その他	×××	資本金	×××
無形固定資産	×××	資本剰余金	×××
ソフトウェア	×××	資本準備金	×××
リース資産	×××	その他資本剰余金	×××
のれん	×××	利益剰余金	×××
その他	×××	利益準備金	×××
投資その他の資産	×××	その他利益剰余金	×××
投資有価証券	×××	○○積立金	×××
関係会社株式	×××	繰越利益剰余金	×××
長期貸付金	×××	自己株式	△×××
繰延税金資産	×××	評価・換算差額等	
その他	×××	その他有価証券評価差額金	×××
貸倒引当金	△×××	繰延ヘッジ損益	×××
繰延資産	×××	土地再評価差額金	×××
社債発行費	×××	株式引受権	×××
		新株予約権	×××
		純資産合計	×××
資産合計	×××	負債・純資産合計	×××

日本経団連「会社法施行規則及び会社計算規則による株式会社の各種書類のひな型（改訂版）」より引用

第6章　商業使用人

（支配人）

第20条　商人は，支配人を選任し，その営業所において，その営業を行わせることができる。

会社法関連条文

（支配人）

第10条　会社（外国会社を含む。以下この編において同じ。）は，支配人を選任し，その本店又は支店において，その事業を行わせることができる。

§1　商業使用人

　商業使用人とは，特定の商人に従属して企業の内部で補助する者です。商人が営業範囲を拡大しようとする場合に，商業使用人に営業活動を補助してもらうことにより，営業拠点や取引機会を増加させることができ，その結果としてより多い利益を獲得する可能性があります。商法では商業使用人として，支配人，ある種類または特定の事項の委任を受けた使用人（部長・課長），物品販売等店舗の使用人について，その代理権を中心として規制しています。なお企業の補助者としては他に代理商，仲立人，問屋がありますが，これらは企業の外部で補助をする独立の商人である点で，商業使用人とは異なります。

§2　支配人の選任・退任

　支配人とは，商人の営業所においてその営業を行う者であり，営業主である商人が選任します（商法20条）。支配人を選任したときは，支配人を置いた営業所の所在地において商人が支配人登記簿に登記をしなければなりません（商法22条，商業登記法43条）。このように支配人の選任には商業登記が不可欠であるため，商業登記の適用除外を受ける小商人は支配人を選任することはできません（商法7条）。また商法21条2項は，支配人が他の使用人を選任することができる旨を規定していますが，ここでいう「他の使用人」に支配人は該当しないと解されるため，支配人が他の支配人を選任することはできません。

　商人と支配人とは代理関係にあることから，支配人の退任については民法の代理および委任に関する規定が適用されます。したがって支配人が退任するのは，①支配人の死亡，破産手続開始の決定，後見開始の審判（民法111条1項2号），②商人の破産手続開始の決定（民法111条2項・653条2号），③辞任，解任（民法111条2項・651条1項），の場合です。なお商行為の委任による代理権は，本人の死亡によっては消滅しない（商法506条）ことから，商人が死亡しても支配人は退任しません（民法111条1項1号参照）。

（支配人の代理権）

第21条①　支配人は，商人に代わってその営業に関する一切の裁判上又は裁判外の行為をする権限を有する。

②　支配人は，他の使用人を選任し，又は解任することができる。

③　支配人の代理権に加えた制限は，善意の第三者に対抗することができない。

会社法関連条文

（支配人の代理権）

第11条① 支配人は，会社に代わってその事業に関する一切の裁判上又は裁判外の行為をする権限を有する。

② 支配人は，他の使用人を選任し，又は解任することができる。

③ 支配人の代理権に加えた制限は，善意の第三者に対抗することができない。

§1 支配人の代理権

　支配人は，商人に代わってその営業に関する一切の裁判上および裁判外の行為をする権限を有し（商法21条1項），このような支配人の包括的代理権を支配権といいます。ここにいう「裁判上の行為」とは訴訟行為を意味し，商人の訴訟代理人となって訴訟を追行することができます（民事訴訟法54条）。「裁判外の行為」とは訴訟行為以外の行為を意味し，具体的には取引行為などを指します。なお商人が複数の営業所を有している場合，支配人の代理権は営業所ごとに与えられることから，本店の支配人でも支店の営業については代理権を有しません。

　また支配人の代理権に加えた制限は善意の第三者に対抗することができません（商法21条3項）。これは支配人の代理権が包括的なものであることが法によって定められているため，制限を加えた代理権の範囲外の行為を無効とすると，その制限を知らない第三者が不利益を受けることになるからです。

【判例】　信用金庫支店長と営業に関する行為（最判昭54・5・1判時931・112，百選25）

　Y信用金庫は支店長に対し，顧客から資金の預け入れがあった場合にのみ自己宛小切手（振出人が支払人を兼ねる小切手）を振り出す権限を付与していました。Y信用金庫甲支店長Aは，個人的負債の返済資金の捻出のため，資金の預け入

れがない自己宛小切手を，Aの背任的意図を知っているBに振り出しました。そしてBから小切手の交付を受けたXが，Y信用金庫に小切手金の支払いを請求しました。最高裁判所は，「営業に関する行為は，営業の目的たる行為のほか，営業のため必要な行為を含むものであり，かつ，営業に関する行為にあたるかどうかは，当該行為につき，その行為の性質・種類等を勘案し，客観的・抽象的に観察して決すべきものである，……自己宛小切手の振出しは信用金庫法53条1項に定める信用金庫の業務に付随する業務としてYの行う業務にあたるというのであるから，Aによる本件小切手の振出しは，これを客観的・抽象的に観察するときは，Yの営業に関する行為であってYの甲支店長であったAが有するものとみなされる権限に属する」と判示しました。

> （支配人の登記）
> **第22条**　商人が支配人を選任したときは，その登記をしなければならない。支配人の代理権の消滅についても，同様とする。

会社法関連条文

> （支配人の登記）
> **第918条**　会社が支配人を選任し，又はその代理権が消滅したときは，その本店の所在地において，その登記をしなければならない。

§1　支配人の登記

　支配人を選任した場合，または支配人の代理権が消滅した場合，その旨を登記しなければなりませんが，会社以外の商人の支配人については，支配人を置く営業所を管轄する登記所の支配人登記簿に，①支配人の氏名及び住所，②商人の氏名及び住所，③商人が数個の商号を使用して数種の営業をするときは，支配人が代理すべき営業及びその使用すべき商号，④支配人を置いた営業所，

を登記しなければなりません（商業登記法43条1項）。会社の支配人については，本店の所在地において会社の登記簿に，①支配人の氏名及び住所，②支配人を置いた営業所，を登記しなければなりません（商業登記法44条1項・2項）。支配人の代理権の消滅の場合は，支配人の変更の登記を申請しなければなりません（商業登記法43条2項・44条2項・29条）。

（支配人の競業の禁止）

第23条①　支配人は，商人の許可を受けなければ，次に掲げる行為をしてはならない。

一　自ら営業を行うこと。

二　自己又は第三者のためにその商人の営業の部類に属する取引をすること。

三　他の商人又は会社若しくは外国会社の使用人となること。

四　会社の取締役，執行役又は業務を執行する社員となること。

②　支配人が前項の規定に違反して同項第2号に掲げる行為をしたときは，当該行為によって支配人又は第三者が得た利益の額は，商人に生じた損害の額と推定する。

会社法関連条文

（支配人の競業の禁止）

第12条①　支配人は，会社の許可を受けなければ，次に掲げる行為をしてはならない。

一　自ら営業を行うこと。

二　自己又は第三者のために会社の事業の部類に属する取引をすること。

三　他の会社又は商人（会社を除く。第24条において同じ。）の使用人となること。

> 四　他の会社の取締役，執行役又は業務を執行する社員となること。
> ② 　支配人が前項の規定に違反して同項第2号に掲げる行為をしたときは，当該行為によって支配人又は第三者が得た利益の額は，会社に生じた損害の額と推定する。

§1　支配人の競業避止義務

　支配人は商人の営業に関する包括的代理権を有しており，その営業に関する機密事項についても知りうる立場にあるため，本来営業主である商人のために利用すべき機密事項を支配人自身が利用することも考えられます。しかしこれは商人の犠牲のもとに支配人が利益を得ることとなるため，商法では支配人が一定の行為をするときは商人の許可を受けなければならないとしており，これを支配人の競業避止義務（広義）といいます。

　すなわち支配人が，①自ら営業を行う場合，②他の商人または会社もしくは外国会社の使用人となる場合，③会社の取締役，執行役または業務を執行する社員となる場合，商人の許可を受けなければなりません（商法23条1項1号3号4号）。これは支配人が特定の商人のために全力を尽くして職務を遂行することを期待されることから，精力が分散するような行為が禁止されるのです。また④自己または第三者のためにその商人の営業の部類に属する取引をする場合にも，商人の許可を受けなければなりません（商法23条1項2号）。ここでいう「自己または第三者のために」とは，取引によって生じた経済的利益が支配人自身または第三者に帰属することを意味します。①②③を営業避止義務，④を競業避止義務（狭義）という場合もあります。

§2 他の競業避止義務との対比

	支配人（商法23条）	代理商（商法28条）	株式会社の取締役（会社法356条1項1号）	持分会社の業務執行社員（会社法594条）
自己または第三者のために本人の営業（会社の事業）の部類に属する取引をすること	×	×	×	×
本人の営業（会社の事業）と同種の営業（事業）を目的とする会社の取締役，執行役または業務執行社員となること	×	×	○	×
本人の営業（会社の事業）と異種の営業（事業）を目的とする会社の取締役，執行役または業務執行社員となること	×	○	○	○
営業をすること	×	○	○	○
他の商人または会社の使用人となること	×	○	○	○

　会社法において，株式会社の取締役が会社の事業と同種の事業を目的とする他の会社の取締役，執行役または業務執行社員となることは禁じられていませんが，そのような地位の兼任によって一定の取引分野における競争を実質的に制限することとなる場合，または不公正な取引方法により地位の兼任をする場合には，独占禁止法13条による規制を受けます。また，株式会社の取締役が会社の事業と同種の事業を目的とする他の会社の代表取締役に就任することは，「第三者（つまり他の会社）のため会社の事業の部類に属する取引をすること」に該当しますから，株主総会（取締役会設置会社の場合は取締役会）の承認（会社法356条1項1号・365条1項）を得ない限り競業避止義務違反になります。

§3　商人に生じた損害額の推定

　支配人が競業避止義務（狭義）に違反した場合，支配人は商人に対して，債務不履行による損害賠償責任を負わなければなりません（民法415条）。しかしながら商人には実際の損害（積極的損害）が生じていないため，損害賠償を請求する際に損害額を算定することが困難となってしまいます。そこで商法は，取引によって支配人または第三者が得た利益の額を商人に生じた損害の額と推定することにより（商法23条2項），損害額の算定の困難を解消しています。これは，支配人が行った取引によって生じた利益は本来商人に帰属するべきものであり，これを支配人自身または第三者が奪ったものと解されるからです。

（表見支配人）

第24条　商人の営業所の営業の主任者であることを示す名称を付した使用人は，当該営業所の営業に関し，一切の裁判外の行為をする権限を有するものとみなす。ただし，相手方が悪意であったときは，この限りでない。

会社法関連条文

（表見支配人）

第13条　会社の本店又は支店の事業の主任者であることを示す名称を付した使用人は，当該本店又は支店の事業に関し，一切の裁判外の行為をする権限を有するものとみなす。ただし，相手方が悪意であったときは，この限りでない。

§1 表見支配人

支配人は商人の営業に関する包括的代理権を有している者であり，たとえ支店長といった名称を付している場合でも，包括的代理権を有していなければ支配人ではありません。しかしながら実際の取引では，支店長といった名称を付している者が支配人であると信頼する場合が少なくありません。そこで商法は外観法理から，営業所の営業の主任者であることを示す名称を付した使用人は，当該営業所の営業に関し，一切の裁判外の行為をする権限を有するものとみなしています（商法24条本文）。このように，営業の主任者であることを示す名称を信頼して取引をした者を保護する制度であるため，相手方が悪意（当該名称が付された者が支配人でないことを知っている）の場合には適用されません（商法24条但書）。また「支店長代理」や「支店次長」といった名称は，その上位者としての支店長の存在が推測されるため，営業の主任者であることを示す名称に該当しません。

【判例】 表見支配人と営業所の実質（最判昭37・5・1民集16・5・1031，百選23）

　Y生命保険相互会社大阪中央支社は，新規保険契約の募集と第1回保険料徴収の取次のみを業務内容としていました。大阪中央支社長Aは，Bに対して約束手形を振出し，当該手形がB→C→Xと譲渡されました。Xが満期の翌日に支払呈示したところ拒絶されたため，Y会社に手形金の支払を請求する訴えを提起しました。最高裁判所は，「大阪中央支社は，Y会社の主たる事務所と離れて一定の範囲において対外的に独自の事業活動をなすべき組織を有する従たる事務所たる実質を備えていないものであるから，商法42条【現行会社法13条】の支店に準ずるものではなく……」として，Xの請求を棄却しました。

　※　保険業法21条1項による会社法規定の準用。

（ある種類又は特定の事項の委任を受けた使用人）

第25条①　商人の営業に関するある種類又は特定の事項の委任を受けた使用人は，当該事項に関する一切の裁判外の行為をする権限を有する。

②　前項の使用人の代理権に加えた制限は，善意の第三者に対抗することができない。

会社法関連条文

（ある種類又は特定の事項の委任を受けた使用人）

第14条①　事業に関するある種類又は特定の事項の委任を受けた使用人は，当該事項に関する一切の裁判外の行為をする権限を有する。

②　前項に規定する使用人の代理権に加えた制限は，善意の第三者に対抗することができない。

§1　部長・課長

　会社組織においては，部長・課長などの名称を付した使用人が存在するのが一般的ですが，このような使用人は販売・購入・出納などの事項について商人から部分的な包括的代理権が与えられていると考えることができます。そこで商法は，商人の営業に関するある種類または特定の事項の委任を受けた使用人は，当該事項に関する一切の裁判外の行為をする権限を有するとし，また当該権限に加えた制限は善意の第三者に対抗できないとして（商法25条1項2項），支配人に類似した規制を及ぼしています。なお平成17年（2005年）改正前商法43条においては，このような使用人を「番頭・手代」と称していましたが，改正によってこのような名称は法文からなくなりました。

（物品の販売等を目的とする店舗の使用人）
第26条　物品の販売等（販売，賃貸その他これらに類する行為を
　　いう。以下この条において同じ。）を目的とする店舗の使用人
　　は，その店舗に在る物品の販売等をする権限を有するものとみ
　　なす。ただし，相手方が悪意であったときは，この限りでない。

会社法関連条文

（物品の販売等を目的とする店舗の使用人）
第15条　物品の販売等（販売，賃貸その他これらに類する行為をいう。以
　　下この条において同じ。）を目的とする店舗の使用人は，その店舗に在る
　　物品の販売等をする権限を有するものとみなす。ただし，相手方が悪意
　　であったときは，この限りでない。

§1　物品販売等店舗の使用人

　支配人およびある種類または特定の事項の委任を受けた使用人以外の使用人
については，商法上は包括的代理権が与えられていません。しかし店舗におい
て物品の販売等（販売，賃貸その他これらに類する行為）をする場合，顧客は店舗
の使用人に物品の販売等をする権限が与えられていると考えるのが一般的です。
そこで商法は，物品販売等店舗の使用人が物品の販売等をする権限を有するも
のとみなして（商法26条），顧客の信頼を保護しています。なお相手方が当該使
用人に販売などの権限がないことにつき悪意である場合は当該規定の適用はあ
りません。

第7章　代理商

（通知義務）

第27条　代理商（商人のためにその平常の営業の部類に属する取引の代理又は媒介をする者で，その商人の使用人でないものをいう。以下この章において同じ。）は，取引の代理又は媒介をしたときは，遅滞なく，商人に対して，その旨の通知を発しなければならない。

会社法関連条文

（通知義務）

第16条　代理商（会社のためにその平常の事業の部類に属する取引の代理又は媒介をする者で，その会社の使用人でないものをいう。以下この節において同じ。）は，取引の代理又は媒介をしたときは，遅滞なく，会社に対して，その旨の通知を発しなければならない。

用語解説

媒介——他人の間に立って，他人同士を当事者とする法律行為の成立に尽力するという事実行為。仲介・周旋・勧誘などの事実行為。

§1　代理商

代理商とは，商人のためにその平常の営業の部類に属する取引の代理または媒介をする者で，その商人の使用人でないものをいいます（商法27条）。商人が

営業範囲を拡大しようとする場合，前に述べた商業使用人を利用することも考えられますが，その際には市場開拓の手間（新たな営業拠点における市場調査など），固定費用の負担（営業所の維持費・使用人への賃金）といったデメリットが生じます。これに対し，新たな営業拠点ですでに営業活動をしている商人を代理商として利用する場合には，市場開拓の手間がかからず，また取引ごとに報酬を支払うことで固定費用の負担も軽減することができます。

§2　代理商・仲立人・問屋の相違点

　代理商には，商人のためにその平常の営業の部類に属する取引の代理をする締約代理商と，当該取引の媒介をする媒介代理商があります。ここにいう媒介とは，他人の間に立って他人を当事者とする法律行為の成立に尽力すること，すなわち取引相手を探して委託者である商人に引き合わせることをいいます。したがって商人と代理商との関係は委任（法律行為の委託，民法643条）または準委任（法律行為でない事務の委託，民法656条）です。代理商に類似する企業取引の補助者として，仲立人（商法543条）と問屋（商法551条）がありますが，次のような相違点があります。①代理商の委託者は特定の商人であるのに対して，仲立人と問屋の委託者は不特定多数の者です。②代理商が代理（締約代理商）または媒介（媒介代理商）を行うのに対して，仲立人は媒介，問屋は取次ぎ（取引によって生じる相手との権利義務（法律関係）は問屋自身に帰属し，取引によって生じる損益（経済的利益）は委託者に帰属する）を行います。

§3　代理店契約の種類

　代理商契約は代理店契約という形態をとることが多いのですが，逆に代理店契約という場合には，この代理商契約の場合のほか，2つの形態があります。そして代理商にも締約代理商と媒介代理商の2種類があるので，合計4種類の代理店契約があることになります。

① 特約店契約——商品の生産者・輸入業者・元売業者等が，特約店に対して
　　継続して商品を供給することを約し，特約店はこれを自己の計算で他に販売

し，その商品の市場を維持し，拡大することを約する契約です。これは基本的には，商品の継続的な売買契約です。

② 販売委託契約──販売業者が商品供給者の委託を受けて，その者の計算で，しかし自己の名で商品を他に販売し，手数料・報酬を受けることを約定する契約で，商法上の問屋（商法551条）にあたります。

③ 締約代理商契約──商品の供給者から提供された商品を，商品供給者の代理人の資格で販売するものです。

④ 媒介代理商契約──商品の供給者のためその商品の販売の媒介という販売契約締結のための事実上の補助行為を行うものです。

4種の代理店契約の相違

	①特約店契約	②販売委託契約（問屋）	③締約代理商契約	④媒介代理商契約
商品売れ残りの販売危険	特約店が負担	供給者が負担	供給者が負担	供給者が負担
商品の所有権帰属	特約店	供給者に留保	供給者	供給者
第三者への販売価額の指定の可否（独禁法の規制）	不可（ただし再販売指定商品は可）	可	可	可
第三者との取引効果の帰属	特約店	販売業者（代理店）	供給者	供給者

なお，この①自己売買，②取次，③代理，④媒介，という取引態様の4つの基本パターンについては，金融商品取引業者の事前開示義務（金融商品取引法第37条の2）の中でも示されています。

§4　代理商の権利義務

商人と代理商との間で締結される代理商契約は，委任または準委任の性質を有するため，民法の委任に関する次のような規定が適用されます（なお「委任

者」には商人が，「受任者」には代理商が，それぞれ該当します）。

- 善管注意義務（民法644条）——受任者は，委任の本旨に従い，善良な管理者の注意をもって，委任事務を処理する義務を負います。

- 受取物引渡義務（民法646条）——受任者は，委任事務を処理するにあたって受け取った金銭その他の物を委任者に引き渡さなければなりません。

- 費用前払請求権・費用償還請求権（民法649条・650条）——受任者は，委任事務を処理するについて費用を要するときは，委任者に対して費用の前払いを請求することができ，また費用を支出したときは，委任者に対して費用の償還を請求することができます。

しかしながら次のような場合には民法の委任に関する規定が適用されません。①民法上の委任においては，受任者は特約がなければ委任者に対して報酬を請求することができませんが（民法648条1項），代理商は商人であるため，その営業の範囲内において他人のために行為をしたときは，相当な報酬を請求することができます（商法512条）。②民法上の委任においては，委任者が死亡した場合には委任関係が終了しますが（民法653条1号），商行為の委任による代理権は，本人の死亡によっては消滅しません（商法506条）。

§5　代理商の通知義務

民法上の委任では，受任者は委任者の請求があるときに，委任事務の処理の状況を報告しなければならないとされています（民法645条）。これに対して代理商は，取引の代理または媒介をしたときは，遅滞なく商人に対してその旨の通知を発しなければならないとされています（商法27条）。これは代理商が代理・媒介した取引の目的物を商人が転売しようとしている場合，転売の機会を逸しないようにするためのものです。

（代理商の競業の禁止）

第28条① 代理商は，商人の許可を受けなければ，次に掲げる行為をしてはならない。

一 自己又は第三者のためにその商人の営業の部類に属する取引をすること。

二 その商人の営業と同種の事業を行う会社の取締役，執行役又は業務を執行する社員となること。

② 代理商が前項の規定に違反して同項第1号に掲げる行為をしたときは，当該行為によって代理商又は第三者が得た利益の額は，商人に生じた損害の額と推定する。

会社法関連条文

（代理商の競業の禁止）

第17条① 代理商は，会社の許可を受けなければ，次に掲げる行為をしてはならない。

一 自己又は第三者のために会社の事業の部類に属する取引をすること。

二 会社の事業と同種の事業を行う他の会社の取締役，執行役又は業務を執行する社員となること。

② 代理商が前項の規定に違反して同項第1号に掲げる行為をしたときは，当該行為によって代理商又は第三者が得た利益の額は，会社に生じた損害の額と推定する。

§1 代理商の競業避止義務

　代理商は特定の商人の営業を補助することから，支配人と同様競業避止義務を負います。しかし支配人とは異なり代理商自身が独立の商人であることから，競業避止義務の範囲が支配人のそれよりも狭くなっています。すなわち，代理

商は商人の許可を受けなければ，自己または第三者のために商人の営業の部類に属する取引をすること，および商人の営業と同種の事業を行う会社の取締役，執行役または業務を執行する社員となることが禁止されます（商法28条1項1号2号）。つまり代理商は，①自ら営業をすること，②他の商人または会社もしくは外国会社の使用人となること，③商人の営業と異なる種類の事業を行う会社の取締役，執行役または業務を執行する社員となることについては，商人の許可を受けなくても行うことができます(77頁§2の表参照)。なお競業避止義務に違反した場合における商人に生じた損害額の推定は支配人の場合（商法23条2項）と同様です（商法28条2項）。

（通知を受ける権限）

第29条　物品の販売又はその媒介の委託を受けた代理商は，第526条第2項の通知その他売買に関する通知を受ける権限を有する。

会社法関連条文

（通知を受ける権限）

第18条　物品の販売又はその媒介の委託を受けた代理商は，商法（明治32年法律第48号）第526条第2項の通知その他の売買に関する通知を受ける権限を有する。

§1　代理商の通知受領権

　商人間の売買において，買主は売買の目的物が種類，品質または数量に関して契約の内容に適合しないことを発見したときは，直ちに売主に対してその旨の通知を発しなければ，その不適合を理由とする履行の追完の請求，代金減額の請求，損害賠償の請求および契約の解除をすることができません（商法526条

２項）。この場合において締約代理商は通知受領権を有しますが（民法99条２項），媒介代理商は当然には通知受領権を有しないため，買主は履行の追完請求，代金減額請求，損害賠償請求および契約解除をすることができなくなってしまいます。そこで物品の販売またはその媒介の委託を受けた代理商は，当該通知その他売買に関する通知を受ける権限を有するものとして，買主が不利益を受けないようにしています（商法29条）。

（契約の解除）

第30条① 商人及び代理商は，契約の期間を定めなかったときは，２箇月前までに予告し，その契約を解除することができる。

② 前項の規定にかかわらず，やむを得ない事由があるときは，商人及び代理商は，いつでもその契約を解除することができる。

会社法関連条文

（契約の解除）

第19条① 会社及び代理商は，契約の期間を定めなかったときは，２箇月前までに予告し，その契約を解除することができる。

② 前項の規定にかかわらず，やむを得ない事由があるときは，会社及び代理商は，いつでもその契約を解除することができる。

§1 代理商契約の解除

民法上の委任においては，各当事者はいつでも委任契約を解除することができ（民法651条１項），相手方に不利な時期に解除したとき，または委任者が受任者の利益をも目的とする委任を解除したときは，やむを得ない事由がある場合を除き，相手方の損害を賠償しなければなりません（民法651条２項）。これに対して代理商契約は，契約の期間を定めなかったときは，契約を解除する旨を２

か月前に予告しないと解除することができません。これは，契約の期間を定め
なかった場合，当事者にとっては契約が継続するものと期待するのが通常であ
り，民法上の委任のようにいつでも解除できるとすると，相手方の期待を損ね
てしまうことになるからです。この予告による契約解除が行われた場合には，
相手方に損害が生じても賠償責任はありません。しかし契約期間の定めのない
代理商契約でも，やむを得ない事由（商人の重大な営業上の失敗，代理商への手数
料不払い，代理商の競業避止義務違反，不誠実な行為，重病など）がある場合には，
各当事者は民法上の委任と同様にいつでも解除することができます。この場合
には，債務不履行による損害賠償責任が認められます（民法652条・620条）。

【判例】　保険会社による損害保険代理店委託契約の解除（東京地判平10・10・30判時1690・153）

　Y会社は，X損害保険会社の代理店委託業務を行っていましたが，Y会社の
代表者とX会社の担当者との関係が対立しました。そしてX会社は60日経過後
に契約を解除する旨の意思表示を行い，解除後の保険物件の返還を請求しまし
た。これに対してYは『代理店委託契約は「無期限」という期間の定めのある
契約であり，解除にはやむを得ない事由が必要』と主張しました。東京地方裁
判所は，「本件損害保険代理店契約書……にある『無期限』というのは，その
文言のとおり，期間の定めのないことをいうと解するのが相当である……本件
解除にあたっては……『やむを得ない事由』はその要件として必要ではないと
いうべきである」として，Xの請求を認容しました。

（代理商の留置権）

第31条 代理商は，取引の代理又は媒介をしたことによって生じた債権の弁済期が到来しているときは，その弁済を受けるまでは，商人のために当該代理商が占有する物又は有価証券を留置することができる。ただし，当事者が別段の意思表示をしたときは，この限りでない。

会社法関連条文

（代理商の留置権）

第20条 代理商は，取引の代理又は媒介をしたことによって生じた債権の弁済期が到来しているときは，その弁済を受けるまでは，会社のために当該代理商が占有する物又は有価証券を留置することができる。ただし，当事者が別段の意思表示をしたときは，この限りでない。

§1　代理商の留置権

　他人の物の占有者は，その物に関して生じた債権を有するときは，その債権の弁済を受けるまでその物を留置することができ（民法295条），これを留置権といいます。たとえば自動車修理業者が自動車を修理した場合，修理依頼者が修理代金を支払うまで，修理した自動車を留置することができます。この場合，被担保債権（修理代金支払請求権）と留置の目的物（自動車）との関連性が要求されます。これに対して代理商の留置権の場合は，被担保債権と留置の目的物との関連性が要求されません。たとえば，代理商が以前に行った取引の代理または媒介によって商人に対して報酬請求権を有している場合に，その後に行った取引の代理または媒介によって得た物または有価証券を留置することで，以前の報酬の支払いを商人に間接的に強制させることができます。

各種の留置権の相違

	民法上の留置権（民法295条）	商人間の留置権（商法521条）	代理商の留置権（商法31条）	問屋の留置権（商法557・31条）	運送人の留置権（商法574条）	運送取扱人の留置権（商法562条）
留置する目的物	他人の物債務者以外の者の物でも可	債務者が所有する物・有価証券	商人のために占有する物・有価証券（商人の所有でなくても可）	委託者（非商人も可）のために占有する物・有価証券（委託者の所有でなくても可）	運送品（荷送人・荷受人の所有でなくても可）	運送品（委託者の所有でなくても可）
占有の取得行為	不法行為によらないこと	債務者との間の商行為による	商行為によることを要しない	商行為によることを要しない	運送契約による	運送取扱契約による
被担保債権	その物に関して生じた債権	双方的商行為により生じた債権	本人のために取引の代理または媒介により生じた債権	委託者のために物品または買入れにより生じた債権	運送品に関する運送費・付随費用・立替金	運送品に関する報酬・付随費用・立替金
目的物と被担保債権との個別的な関連性	必要	不要（包括的な関連性で足りる）	不要	不要	必要	必要
法的効力	債権の弁済を受けるまで目的物を留置できる。	同左	同左	同左	同左	同左
破産法上の扱い（破産法66条）	破産手続開始決定により消滅	特別の先取特権となる。	特別の先取特権となる。	特別の先取特権となる。	特別の先取特権となる。	特別の先取特権となる。

別除権の有無	なし	あり	あり	あり	あり	あり

＊別除権…破産財団（債務者の財産）から一般の破産債権者に優先して弁済を受けることのできる権利。特別の先取特権・質権・抵当権を持つ者に認められる（破産法65条）。

第32条　削除

平成30年改正前条文

第32条　この法律の規定により署名すべき場合には，記名押印をもって，署名に代えることができる。

用語解説

記名押印——行為者の名前を表記して印を押すこと。当用漢字表（昭和21年）に「捺」の字が入らなかったために，法令用語としては，「押」の字を使用している。

§1　署名の意味と方法

署名は文書に氏名を書くことであり，本来の署名とは，自筆による手書きの署名を意味するものと考えられますが，商法上，署名と記名押印を併記しています。例えば，仲立人の結約書の署名（商法546条1項），倉庫業者の倉荷証券の署名・記名押印（商法601条）などです。署名が行為者自身の名称を記すことである以上，一般にそこで用いられる名称は本人の氏名または商号です。

手形法では，署名は記名捺印を含むものとされており（手形法82条），署名の方法としては，行為者自らが手書きで行うところの自署（サイン）の他に，記名捺印により行うことも認められます。自署による捺印のない署名の方法も署名としては当然可能ですが，法人による署名では，機関や代行者による記名捺印

方式がとられており，また銀行の当座取引においても銀行に届け出た印鑑（当座勘定規定14条1項）を使用する記名捺印による方法が予定されているため，現在，取引における署名としては記名捺印の方法が一般的といえます。記名捺印とは，行為者の名称を手書きで表わすほかに，印刷やタイプ，スタンプ印，コピーなどを用いて表示した上で，印章を押捺する方式です。

　会社法では，株式会社の定款作成において発起人の署名または記名押印を求めており（会社法26条1項），持分会社の定款作成においては，社員全員が署名または記名押印することが必要とされています（会社法575条1項）。また商業登記の申請書には，申請人の記名押印が求められています（商業登記法17条2項）。

　なお私文書は，本人またはその代理人の署名または押印があるときには，真正に成立したものと推定されます（民事訴訟法228条4項）。

　最近では，データ化された電子文書について電子署名の方法が認められており，本人による一定の要件を満たす電子署名が行われた電子文書は，真正に成立したものと推定されます（電子署名及び認証業務に関する法律3条）。

第2編　商行為

第1章 総 則

> （絶対的商行為）
>
> 第501条 次に掲げる行為は，商行為とする。
>
> 　一 利益を得て譲渡する意思をもってする動産，不動産若しく
> 　　は有価証券の有償取得又はその取得したものの譲渡を目的と
> 　　する行為
>
> 　二 他人から取得する動産又は有価証券の供給契約及びその履
> 　　行のためにする有償取得を目的とする行為
>
> 　三 取引所においてする取引
>
> 　四 手形その他の商業証券に関する行為

用語解説

利益を得て譲渡する意思——安く仕入れて高く売ることでその差額を利得し
　　ようとする意思。

不動産——物のうち，容易にその所在を変えがたいもの。民法上，土地およ
　　び定着物（建物，立木など）をいう（民法86条1項）。

動産——物のうち，不動産以外の物をいう（民法86条2項）。

有価証券——財産的価値を有する私権を表章する証券で，権利の発生・移
　　転・行使の全部または一部が証券によってなされることを要するもの。
　　たとえば，手形・小切手・株券など。

有償取得——対価を出して物や権利を取得すること。

取引所——有価証券や商品などの大量取引を行う常設の組織化された市場。

手形——金銭支払請求権を表章する有価証券。約束手形・為替手形・小切手。

商業証券に関する行為——商取引の目的物となる有価証券である手形・株券・
社債券・倉荷証券・船荷証券などの交付，裏書，引受等の証券上の行為。

§1　絶対的商行為

　本条は，いわゆる絶対的商行為を規定したものです。絶対的商行為とは商行
為のうち，特に営利性が強いので，営業の目的でなされると否とにかかわらず，
また，何人によってなされようとも，また1回限りでも，常に商行為とされる
ものです。たとえば1号の有償取得は投機購買といわれていますが，それは高
く売るために物を安く買い，その差額を利得することを目的とする行為をいい
ます。家を買う場合を例にとりますと，他に高く売る目的で買う場合は1号の
投機購買にあたり，商行為となります。ただ，注意すべきは，人が家を買うの
は，自分が住むためであることのほうが通常でしょうが，その場合は投機で儲
けようとするわけではありませんから，もちろん商行為とはならないというこ
とです。さらに，少し細かいことをつけ加えると，家を他に賃貸する目的で買
う場合は，絶対的商行為とはならず，それが営業として反復継続してなされる
ときに限って，次の502条1号により営業的商行為となるのです。

§2　商的色彩とは

　売買という契約は，民法に一般的な規定が置かれている法律行為ですが，商
品を仕入れてこれを販売するという商取引に典型的な行為も同じく売買という
点では，その法的性質において何の違いもありません。しかし，私たちが夕食
のおかずに魚の切り身をスーパーマーケットで買う行為と，そのスーパーマー
ケットが販売のために市場で魚や肉を大量に買い付ける行為とは，果たして同
じものでしょうか。

　生産地と消費地との価格差や季節による価格差を利用して，安く商品を仕入
れて高くこれを売り，その差額を儲けるという行為は，「投機購買及びその実行
行為」として絶対的商行為の一番目に規定されています（商法501条1号）。この
営利追求の行為の原型ともいえる行為類型から，商的なるものを取り出してみ

ようとする考え方があります。すなわち，商法の扱う関係は民法とは違う商的色彩を帯びたものであるという考え方です（商的色彩論）。自分で費消するために行う売買とは異なり，営利の目的で行われる商品の売買においては，相手方の何人たるかを問わずに（当事者の個性は問題とならない），取引を大量に集団的に行い，これを反復継続することで（時間的集団性），金銭的利益は倍化されていきます。このように相手方を選ばずに代替性ある多数の商品を用意して，定型化された取引条件の下で売買を行うことにより，そこには『集団性と個性喪失』という特色が認められるのです。同じ売買であっても，この特色が商法上の法律関係を民法の関係とは違うものとすると同時に，その特色は全ての商法上の法律関係に通有する商的色彩であるとされます。

§3　取引所の取引

　この取引所においてする取引（商法501条3号）では，投機売買（商法501条1号・2号）の対象となる動産・不動産・有価証券以外のものも取引の対象となります。TOPIXのような株価指数，デリバティブ取引（天候，通貨，金利）など，取引所では動産や有価証券でないものもその取引の対象として扱われています。金融商品取引所での取引資格は，会員等（会員・取引参加者）に限定されていますが，この会員等には，商法501条3号による商行為を業とすることで商人資格（商法4条1項）を肯定することができます。

（営業的商行為）

第502条　次に掲げる行為は，営業としてするときは，商行為とする。ただし，専ら賃金を得る目的で物を製造し，又は労務に従事する者の行為は，この限りでない。

一　賃貸する意思をもってする動産若しくは不動産の有償取得若しくは賃借又はその取得し若しくは賃借したものの賃貸を目的とする行為

> 二　他人のためにする製造又は加工に関する行為
>
> 三　電気又はガスの供給に関する行為
>
> 四　運送に関する行為
>
> 五　作業又は労務の請負
>
> 六　出版，印刷又は撮影に関する行為
>
> 七　客の来集を目的とする場屋における取引
>
> 八　両替その他の銀行取引
>
> 九　保険
>
> 十　寄託の引受け
>
> 十一　仲立ち又は取次ぎに関する行為
>
> 十二　商行為の代理の引受け
>
> 十三　信託の引受け

用語解説

　専ら賃金を得る目的——生活の糧の購入など自らの費消のために金銭を得る
　　活動は小規模であり，資本の投下と回収のサイクルの中で考えるべき行
　　為とはならない。例として，手内職や往時の人力車夫などが示されている。

§1　営業的商行為

　営業的商行為とは，営業として（すなわち営利の目的をもって）同種の行為を
集団的・反復継続的に行うときにはじめて商行為となる種類の行為をいいます。
日常生活の中で具体的に示すと，以下のような業種が行う行為が営業的商行為
に該当します。

　1号——レンタルショップ，レンタカー，貸家営業，リース業など

　2号——機械器具の注文製造，酒造業（原材料に手を加えて別の性質のものを作
　　　　り出す「製造」に該当），クリーニング業（元の物と性質を変えないで手
　　　　を加える「加工」に該当）など　＊他人のためにする…他人の計算で

行うこと。他者から原料・資金の提供を受けて製造・加工すること。

3号——電気事業，ガス事業など　＊水道事業，電気通信事業についても検討されている。

4号——鉄道，バス，タクシー，宅配業など

5号——建築業，造船業，労働者派遣事業など

6号——出版業，印刷業，新聞社など

7号——ホテル，レストラン，アミューズメントパークなど

8号——銀行　＊貸金業者については議論がある。

9号——営利保険　＊相互保険は対象とはならないが，保険業法は相互保険会社にも商法・会社法の規定を準用している（保険業法21条）。

10号——倉庫業，駐車場業など

11号——不動産周旋業，結婚仲介業，金融商品取引業など

12号——保険代理店，運送代理店，旅行業者代理業など

13号——信託業，信託銀行など　＊平成18年（2006年）に追加された。

（附属的商行為）

第503条①　商人がその営業のためにする行為は，商行為とする。

②　商人の行為は，その営業のためにするものと推定する。

---

§1　附属的商行為

　商法501条・502条の商行為は，その行為の性質から営利性が認められるものですが，本条の行為はそれ自体としては営利性を有するものではありません。しかし，たとえば営業をするための営業所用の家屋土地の購入や賃借，営業資金の借入れ等の行為は，商人が営利活動を行うために必要不可欠な行為です。そこで商法は，これらの行為についても商行為として迅速・便宜な処理を期待しているのです。また，この規定により，擬制商人（商法4条2項）が営業のためにする行為も商行為となります。

　このいわゆる附属的商行為は，補助的商行為といわれ，商人概念を前提とす

るものである点，そしてその種類は法の規定によって列挙されたものに限定されないということの2点において，商法501条・502条の商行為と異なった特徴を有しています。

§2　会社の行為はすべて商行為になるのか

　会社の行為，すなわち会社が事業としてする行為も事業のためにする行為も商行為である，と会社法5条で規定していることは，商行為とは，誰がその行為をするかということで決まるものであるということを明らかにしています。このように会社という法的主体が行う行為は商行為であるとすることによって，商行為の種類，営業の種類を問わずに，飛躍的にその適用対象は拡大されました。しかし会社法5条には，商法503条2項のような推定規定がありません。したがって，会社の行う行為は常に商行為とされるのか，という問題があります。もちろん会社も商人であるとすれば，会社について商法503条2項の適用可能性を考えることは十分にできるでしょう。下記の判例では，「会社は商人であるのか」という問題と「会社の行為には商行為以外の行為もあるのか」という問題に対する最高裁判所の見解が示されています。

会社法関連条文

> （商行為）
> 第5条　会社（外国会社を含む。次条第1項，第8条及び第9条において同じ。）がその事業としてする行為及びその事業のためにする行為は，商行為とする。

【判例】　会社の行為の商行為性（最判平20・2・22民集62・2・576，百選29）
　XはY社の代表取締役Aと小中学校以来の友人でした。X所有不動産には，平成3年5月7日の1億円の金銭消費貸借を原因に，債務者をX，抵当権者をY社とする債権額5000万円の抵当権が平成6年7月26日に設定されました。X

は，抵当権の被担保債権については，平成11年7月26日の経過により，商法522条の5年の消滅時効（平成29年改正により削除。127頁参照）が完成していると主張し，本件不動産の抵当権設定登記の抹消を求めました。原審（福岡高判平成18・12・21）は，本件の貸付けは，Xの依頼を受けたAにおいて，男らしくパンと貸してやるという気持ちで，これに応じることとし，XがAの竹馬の友である旨を強調して，Y社の経理担当者をして手続きさせたものであったというのであるから，本件貸付けは，Y社の営業とは無関係にAのXに対する情誼に基づいてされたものとみる余地があり，本件貸付けに係る債権が商行為によって生じた債権に当たるということはできず，商法522条は適用されないとしてXの請求を棄却したので，Xが上告しました。最高裁判所は，「会社の行為は商行為と推定され，これを争う者において当該行為が当該会社の事業のためにするものでないこと，すなわち当該会社の事業と無関係であることの主張立証責任を負うと解するのが相当である。なぜなら，会社がその事業としてする行為及びその事業のためにする行為は，商行為とされているので（会社法5条），会社は，自己の名をもって商行為をすることを業とする者として，商法上の商人に該当し（商法4条1項），その行為は，その事業のためにするものと推定されるからである」と判示し，本件貸付けはY社の商行為と推定されるところ，AのXに対する情誼に基づいてされたものとみる余地があるとしても，それだけでは，1億円の貸付けがY社の事業と無関係であることの立証がされたということはできないとして本件債権に商法522条の適用を認めました。

（商行為の代理）

第504条　商行為の代理人が本人のためにすることを示さないでこれをした場合であっても，その行為は，本人に対してその効力を生ずる。ただし，相手方が，代理人が本人のためにすることを知らなかったときは，代理人に対して履行の請求をすることを妨げない。

§1　顕名ということ

　民法上，代理行為が成立するためには，「本人のためにすること」を明示することが必要です（民法99条）。たとえば「甲代理人乙」と表示するのです。これを顕名主義といいます。代理制度は，代理人が本人の代わりに法律行為をなし，それによる法律効果が本人に及ぶ制度です。この制度によって，本人自ら直接に法律行為をしなくても，それと同様の効果を生じさせることができるわけです。しかし，もし本人の名を示さず，代理人が自己の名で法律行為をした場合にも，法律効果が本人に及ぶとすると，相手方は代理人個人と取引をしたつもりが，見ず知らずの本人と取引をしたことになるので，相手方の信頼が害されてしまいます。そこで本人に法律効果を帰属させるためには，本人の代理人であることを相手方に明示することが必要となるわけです。

　しかし，商法は，企業取引活動の簡易迅速性の要請に応じるため，この顕名主義の例外を定めています。すなわち，本人の名を相手方に示さなくても本人に法律効果が帰属するとしたのです（商法504条本文）。なぜなら，商人は営利目的のため取引を反復継続して行っていますが，いちいち本人の名を明らかにするとなると煩わしくなりますし，また，取引の相手方も，通常は誰が取引の相手で誰が代理人であるかを知っていると考えられるからです。ただ，相手方が本人のためにすることを知らなかった場合は，相手方保護のため，相手方は代理人個人にも請求しうることにしているのです（商法504条但書）。なお，手形行為については，顕名主義の例外を定める商法の規定は適用になりません。手形の場合は，その性質上，手形債務者が誰であるかが証券上明確にされる必要があるからです（手形の文言証券性）。

　（商行為の委任）

第505条　商行為の受任者は，委任の本旨に反しない範囲内において，委任を受けていない行為をすることができる。

用語解説

委任——当事者の一方が法律行為をすることを相手方に委託し，相手方がこれを承諾することによって成立する契約（民法643条）。

§1　商行為の委任における特則——受任者の権限

本来受任者は，委任を受けた行為についてはそれを遂行する義務を負いますが，委任を受けていない行為についてはそれを遂行する必要はありません。しかし受任者が物品の買入委託のみを受けた場合において，買入れた物品の価格が暴落しても売却できないとすると，損害額が拡大することになってしまいます。そこで本条では，商行為の受任者が委任の本旨に反しない範囲内において，委任を受けていない行為をすることができるとして，前述のような場合に買入れた物品を売却することで損害額を最小限に食い止めることが可能となります。

なお学説においては，民法上の委任においても，善管注意義務を定めた民法644条にいう「委任の本旨」を広く解することにより，同様の結果をもたらすことができると解するのが一般的です。

（商行為の委任による代理権の消滅事由の特例）

第506条　商行為の委任による代理権は，本人の死亡によっては，消滅しない。

---

§1　商行為の委任における特則——代理権の消滅事由

民法上の委任においては，委任者が死亡した場合には委任関係が終了しますが（民法653条1号），商行為の委任による代理権は，本人の死亡によっては消滅しません。これは商行為の代理が，本人と代理人間の個人的信任関係というより，企業中心の信任関係であって，本人の企業を承継する相続人のために引き続き代理人となることを適当とするからです。

第507条　削除

平成29年改正前条文

（対話者間における契約の申込み）

第507条　商人である対話者の間において契約の申込みを受けた者が直ちに承諾をしなかったときは，その申込みは，その効力を失う。

民法関連条文

（契約の成立と方式）

第522条①　契約は，契約の内容を示してその締結を申し入れる意思表示（以下「申込み」という。）に対して相手方が承諾をしたときに成立する。

②　契約の成立には，法令に特別の定めがある場合を除き，書面の作成その他の方式を具備することを要しない。

（承諾の期間の定めのある申込み）

第523条①　承諾の期間を定めてした申込みは，撤回することができない。ただし，申込者が撤回をする権利を留保したときは，この限りでない。

②　申込者が前項の申込みに対して同項の期間内に承諾の通知を受けなかったときは，その申込みは，その効力を失う。

（承諾の期間の定めのない申込み）

第525条①　承諾の期間を定めないでした申込みは，申込者が承諾の通知を受けるのに相当な期間を経過するまでは，撤回することができない。ただし，申込者が撤回をする権利を留保したときは，この限りでない。

②　対話者に対してした前項の申込みは，同項の規定にかかわらず，そ

の対話が継続している間は，いつでも撤回することができる。
③　対話者に対してした第1項の申込みに対して対話が継続している間
　　に申込者が承諾の通知を受けなかったときは，その申込みは，その効
　　力を失う。ただし，申込者が対話の終了後もその申込みが効力を失わ
　　ない旨を表示したときは，この限りでない。

用語解説

　対話者──意思表示が発せられると，直ちにこれを了知できる状況にある者
　契約──相対する複数の意思表示の合致により成立する法律行為，例えば
　　　　「売買契約」。
　申込み──契約の締結の際に先に行われる意思表示，例えば「売ります」。
　承諾──申込みの意思表示に対する意思表示，例えば「買います」。

§1　契約の申込みの効力──対話者間の場合

　契約の締結に際して承諾の期間を定めていた場合，その期間内において申込
者はその意思表示を撤回することが撤回権を留保しない限りはできず，その期
間内に承諾の通知を受けなかったときに，申込みの効力は失われます（民法523
条）。これに対して，対話者間において承諾の期間を定めなかった場合には，平
成29年（2017年）改正による商法507条の削除までは，民法と商法でその規制が
異なっていましたが，現在は民法525条2項・3項の定めるところに従い，対
話者に対する申込みは，対話の継続中いつでも撤回することができ，対話の継
続中に承諾の通知を受けなければ，その申込みは失効するとされています。申
込者が対話の終了後もその申込みの効力を維持することを望まない限り，新た
な別の取引相手との契約締結を進めることができ，取引への迅速な対応を可能
にしています。

（隔地者間における契約の申込み）

第508条①　商人である隔地者の間において承諾の期間を定めな
いで契約の申込みを受けた者が相当の期間内に承諾の通知を発
しなかったときは，その申込みは，その効力を失う。

②　民法第524条の規定は，前項の場合について準用する。

用語解説

隔地者間──意思表示の伝達のために時間を要する関係。地理的には遠くて
も電話やインターネットの利用によりリアルタイムで直接意思を交換で
きる場合には，対話者間の関係になる。

相当の期間内──一律に決めることはできない。取引の目的物，取引慣行，
取引の状況などにより個別的に判断される。数日，1，2週間程度など。

準用──ある事項に関する規定を法律自らが明文をもって，それと類似する
けれども性質の異なっている他の事項について，若干の修正を加えてあ
てはめること。

民法関連条文

（遅延した承諾の効力）

第524条　申込者は，遅延した承諾を新たな申込みとみなすことができ
る。

§1　契約の申込みの効力──隔地者間の場合

　隔地者間においても，承諾期間の定めがある場合には民法523条の適用があ
ります。承諾期間の定めがない隔地者間の場合には，民法と商法とではその規
制が異なります。すなわち民法においては，申込者が承諾の通知を受けるのに
相当の期間を経過するまでは，申込者が撤回権を留保していない限り，その意

思表示を撤回することはできません（民法525条１項）。これに対して商法においては，申込みを受けた者が相当の期間内に承諾の通知を発しなかったときは，その申込みの効力がなくなります。民法の場合は申込者が撤回するまで自らの意思表示に拘束されるのに対して，商法の場合は一定期間の経過後，撤回の意思表示がなくても申込みは当然に失効するとされ，商取引の迅速性に配慮した規制が行われています。申込みの失効後に承諾の意思表示がなされた場合には，新たな申込みとみなされ（民法524条），これに対して承諾を与えれば契約を成立させることができます。この商法の特則は，商人間における隔地者間の契約について適用されるものです。

（契約の申込みを受けた者の諾否通知義務）
第509条① 　商人が平常取引をする者からその営業の部類に属する契約の申込みを受けたときは，遅滞なく，契約の申込みに対する諾否の通知を発しなければならない。
② 　商人が前項の通知を発することを怠ったときは，その商人は，同項の契約の申込みを承諾したものとみなす。

用語解説

平常取引をする者──従来継続的な取引関係があり，今後も取引の継続が予想される者。
みなす──法規によって一定の事実があることとして取り扱うこと。

§1 　諾否通知義務

契約は申込みの意思表示を受けた者が承諾をしなければ成立せず（民法522条１項），契約に基づく債権債務も発生しません。しかし商人と平常取引をする者にとっては，従来行ってきた取引が今後も継続されるものと期待するため，ある日突然承諾の通知がなされなかったことを理由に契約が締結されていなかっ

たとすると，当事者の期待が損なわれてしまいます。そこで商法は，商人が平常取引をする者からその営業の部類に属する契約の申込みを受けた場合，遅滞なく承諾するかしないかの通知を発しなければならず，通知を発することを怠った場合には承諾したものとみなして，平常取引をする者の保護をはかっています。

§2　勝手に商品が送りつけられた消費者の保護

　販売業者が，契約の申込みを行う場合に，相手方の承諾を得ないで勝手に商品を送りつける方法（ネガティブ・オプション）が消費者取引で問題となりました。例えば，「お買い上げにならないときはご返送ください。もし一週間以内にご返送ないときは，お買い上げいただいたものとして代金を申し受けます」。

　このような違法な押し売り販売から消費者を保護するために，特定商取引に関する法律では，そのような商品を送付した場合には，販売業者は送付した商品の返還を請求できなくなるとしています（特定商取引に関する法律59条1項）。つまり消費者は，直ちに商品を自由に処分することができるようになるのです。この処分により消費者には，代金請求，損害賠償請求，不当利得返還請求などによる支払義務が生じることはありません。しかし，この保護規定は，商品の送付を受けた者にとって営業となるような売買契約の申込みについては適用されないものと定められています（同法59条2項）。このような取引形態が一般事業者の間ではよく見られるために，消費者保護規定の適用除外を定めているのです。

　＊令和3年（2021年）特定商取引法の改正により，消費者が送り付けられた商品を一定期間保管したうえで処分できるとしていた従来の規定を改めて，送り付けた時点で業者の返還請求権を否定しました。蟹などの生鮮品送り付けへの対応が考えられたためです。また売買契約がすでに成立しているかのように偽って「ご注文いただいた商品を送りました」と送ってきた場合にも，業者の返還請求権を否定しています（同法59条の2）。

（契約の申込みを受けた者の物品保管義務）

第510条 商人がその営業の部類に属する契約の申込みを受けた場合において，その申込みとともに受け取った物品があるときは，その申込みを拒絶したときであっても，申込者の費用をもってその物品を保管しなければならない。ただし，その物品の価額がその費用を償うのに足りないとき，又は商人がその保管によって損害を受けるときは，この限りでない。

§1 物品保管義務

　民法の原則では，契約の申込みを受けた者がそれを拒絶した場合，契約は成立していないため，申込みの際に受け取った物品については返還または保管する義務は負わず，申込者の返還請求に応じればよいとされています。これに対して商取引においては，申込者が相手方の承諾を期待して，申込みとともに物品を送付する場合があり，そのような場合に民法の原則通りとすると，申込者が物品を送付するのをためらい，その結果商取引の迅速性が損なわれてしまいます。そこで本条においては，申込みを受けた者がそれを拒絶した場合であっても，申込者の費用で物品を保管しなければならないとして，商取引の迅速性に配慮しています。

（多数当事者間の債務の連帯）

第511条① 数人の者がその一人又は全員のために商行為となる行為によって債務を負担したときは，その債務は，各自が連帯して負担する。

② 保証人がある場合において，債務が主たる債務者の商行為によって生じたものであるとき，又は保証が商行為であるときは，主たる債務者及び保証人が各別の行為によって債務を負担した

> ときであっても，その債務は，各自が連帯して負担する。

用語解説

　各別の行為によって債務を負担したとき──主たる債務の負担行為と保証と
は本質上別個の行為であることから，ここで各別の行為というのは，主
たる債務と保証債務が同時に発生しなかった場合をいう。

§1　多数当事者間における連帯債務

　たとえば，ＡＢＣ3人がＸから90万円で新車を買った場合，3人はＸに対し
それぞれ30万円ずつの債務を負うのが民法の原則です（民法427条，分割債務）。
これに対してＡＢＣ3人がＸに「連帯」して債務を負うということは，ＸがＡ
ＢＣ3人に対してそれぞれ90万円全額の請求をすることができることを意味し
ます。そうすれば，債権者Ｘにとって誰か1人に請求すればよく，手間が省け
ますし，誰か1人が無資力であっても安全です。したがって本条は，債権者の
債権の回収を早期に実現することを可能にし，取引安全の保護に配慮したもの
といえます。多数当事者の債務の連帯性が認められるためには，各債務者が
「一個の行為」によって負担することが必要とされ，数人が各別の行為により
債務を負担した場合を含みません。

§2　多数当事者間における連帯保証

　通常の保証契約において，主たる債務者が債務を履行しない場合，債権者は
保証人に対して保証契約に基づく請求をすることとなりますが，この場合保証
人は2つの抗弁権を行使して保証債務の履行を回避することができます。すな
わち，①保証人はまず主たる債務者に催告すべきことを債権者に請求すること
ができ（民法452条，催告の抗弁），②債権者が催告の抗弁権に従い主たる債務者
に催告をした後であっても，保証人が主たる債務者に弁済する資力があり，か
つ，執行が容易であることを証明したときは，債権者はまず主たる債務者の財

産について執行しなければなりません（民法453条，検索の抗弁）。しかし本条においては，債務が主たる債務者の商行為によって生じたものであるとき，または保証が商行為であるとき（銀行が保証を行う場合など）は，その保証は連帯保証とされ，保証人は前述の2つの抗弁を行使することができません（民法454条参照）。これにより，債権者は容易に債権を回収することができるため，取引安全の保護が図られることになります。

§3　信用保証協会による保証

　バブル崩壊後の不動産不況を背景に不動産担保への信頼性が薄れ，人的担保としての保証の重要性が増しています。また中小企業への融資では，信用保証協会の保証付き融資の占める割合が次第に増加してきています。中小企業の場合には，社長個人の資産への追及を可能にするために金融機関は社長を保証人にすることが多く，この代表者の個人保証は，中小企業における経営責任の自覚を高める役割を果たしているといえるでしょう。

　中小企業が金融機関から融資を受けるにあたって，その貸付金などの債務を保証することを主たる業務として全国で51の信用保証協会（都道府県単位で47，市単位で4）が存在しています。中小企業から信用保証協会に信用保証の申込みがなされると協会はその申込みを審査して適当と判断すれば中小企業との間に信用保証委託契約を結びます。そして，これに基づいて信用保証書が交付されると金融機関は中小企業に貸付を行い，信用保証協会と金融機関の間には保証契約が成立します。同時に協会は，日本政策金融公庫との間でこの信用保証に保険を付けます。

　もし借主である中小企業が倒産などにより融資を返済できないときには，信用保証協会が金融機関に代位弁済を行い，それを保険事故として日本政策金融公庫から協会に保険金が支払われます。

§4　経営者保証

　事業に係る債務についての個人保証は，公正証書の作成手続による場合と保証人が一定の人的範囲内にある場合に限ってその効力が認められます。

　事業のために負担した債務を主たる債務とする保証契約，またはそのような事業の債務を含む根保証契約において個人が保証人になる場合には，保証契約の締結日前1か月以内に作成された公正証書で，保証債務を履行する意思を表示していなければ保証契約の効力は認められません（民法465条の6）。このような公正証書の作成によらないで事業債務についての個人保証が認められるのは，保証人となる個人が，法人の役員，支配株主，共同事業者などの場合です（民法465条の9）。これらの者は，業務の執行に関与しているか，または業務の執行の決定に関与していることから公正証書作成の方式によらなくても個人保証人となることができるとされました。主たる債務者の配偶者もその事業に現に従事している場合にはその人的範囲に含まれます。

（報酬請求権）

　第512条　商人がその営業の範囲内において他人のために行為をしたときは，相当な報酬を請求することができる。

用語解説

　報酬──労働，物の使用の対価として給付される金銭・物品。

§1　商人の報酬請求権

　民法上の委任や寄託においては，特約がなければ当事者が報酬を請求することができないと定めています（民法648条・656条・665条）。しかし商人は営利活動を行うものであり，またその行為には営利性が備わっているものと考えることができます。そこで本条では，商人が当然に報酬請求権を有するものとして，委任や寄託の場合において特約がなくても報酬を請求することを可能としてい

ます（有償性の原則）。

（利息請求権）

第513条① 商人間において金銭の消費貸借をしたときは，貸主は，法定利息を請求することができる。

② 商人がその営業の範囲内において他人のために金銭の立替えをしたときは，その立替えの日以後の法定利息を請求することができる。

用語解説

消費貸借——当事者の一方が種類，品質および数量の同じ物をもって返還することを約して相手方から金銭その他の物を受けることによって成立する契約（民法587条）。

法定利息——法律の規定に基づいて発生する利息。民法404条2項に定める法定利率は年3％である。

立替え——金銭の消費貸借以外で，広く他人のために金銭を使うこと。

§1 商人の利息請求権

民法上の消費貸借においては，特約がなければ利息はつかないものとされ（民法589条），また民法上の事務管理（民法702条）において，職務を遂行する際に金銭の立替えをした場合でも，立替え金について利息はつかないものとされています。しかし商法512条の解説において述べたように，商人の行為には営利性が備わっているものと考えることができることから，商人間の金銭消費貸借の場合および商人が金銭の立替えをした場合においては，法定利息を請求することができます。

第514条　削除

平成29年改正前条文

（商事法定利率）

第514条　商行為によって生じた債務に関しては，法定利率は，年6分とする。

§1　法定利率

　当事者間において利率に関する合意がない場合および法定利息については，法定利率が適用されます。平成29年（2017年）の改正により商事法定利率年6％を定めていた商法514条の規定が削除されたために，法定利率については民法の定めるところに従うようになりました。民法の規定する法定利率は，同年の民法改正により年5％（改正前民法404条）から年3％（民法404条2項）に変更されています。

民法関連条文

第404条①　利息を生ずべき債権について別段の意思表示がないときは，その利率は，その利息が生じた最初の時点における法定利率による。

②　法定利率は，年3パーセントとする。

§2　利息に関する法規制

　当事者間において利率に関する合意がある場合については，法定利率よりも高い利率を定めることが可能ですが，特別法により以下のような規制を受けます。

　利息制限法1条による規制——以下に定める利率を超える場合は，その超過

部分について無効とする。

① 元本の額が10万円未満の場合は年2割（20%）

② 10万円以上100万円未満の場合は年1割8分（18%）

③ 100万円以上の場合は年1割5分（15%）

出資法（出資の受入れ，預り金及び金利等の取締りに関する法律）5条による規制

① 金銭の貸付けを行う者が年109.5%超の利息の契約をしたとき，5年以下の懲役もしくは1,000万円以下の罰金またはこれの併科

② 金銭の貸付けを業とする者が年20%超の利息の契約をしたとき，5年以下の懲役もしくは1,000万円以下の罰金またはこれの併科

③ 金銭の貸付けを業とする者が年109.5%超の利息の契約をしたとき，10年以下の懲役もしくは3,000万円以下の罰金またはこれの併科

なお以前は，債務者が利息制限法1条に定める超過部分を任意に支払ったときは，その返還を請求することができないとしており（平成18年（2006年）改正前利息制限法1条2項），また貸金業者が刑事罰の対象となる利率を年29.2%超としていました（平成18年（2006年）改正前出資法5条2項）。したがって，年20%超29.2%以下のいわゆる「グレーゾーン」の利息を債務者が任意で支払った場合は，私法上有効でかつ貸金業者に刑事罰も科せられないことから，貸金業者はグレーゾーンによる貸出しをして利益を得る一方で，債務者は返済を完了することが困難となる状況が社会問題となりました。そこで平成18年（2006年）に利息制限法と出資法が改正され（超過部分の支払いを有効とする利息制限法1条2項の削除，出資法5条2項の「年29.2%」が「年20%」に変更），年20%超の利息を支払った場合は私法上無効でかつ貸金業者に刑事罰が科せられることになります。

（契約による質物の処分の禁止の適用除外）

第515条 民法第349条の規定は，商行為によって生じた債権を担保するために設定した質権については，適用しない。

117

民法関連条文

（契約による質物の処分の禁止）

第349条　質権設定者は，設定行為又は債務の弁済期前の契約において，質権者に弁済として質物の所有権を取得させ，その他法律の定める方法によらないで質物を処分させることを約することができない。

用語解説

質権――債務の弁済があるまで物を留置し，弁済のない時はその物を競売して優先弁済を受ける担保物権。

§1　流質契約の許容

　民法においては，質権設定者が設定行為または債務の弁済期前の契約において，質権者に弁済として質物の所有権を取得させ，その他質物を処分させることを約することができないとされています（民法349条）。これは債権者が債務者の窮状に乗じて高価な物の質入れを強要して多大な利益を得ることを防止するもので，流質契約の禁止といいます。これに対して商法においては，商人の利害計算能力が高いこと，また金融の道が閉ざされてしまうこと等を理由として，商行為によって生じた債権について流質契約を締結することは禁止されていません。

　なおこの商行為によって生じた債権とは，債権者・債務者のいずれか一方にとって商行為であれば足りると考えられていますが，流質による多大な損失を非商人に甘受させることは本規定の趣旨に合わないとして，債務者のために商行為となる行為から生じた債権に限定すべきであるとする見解もあります。

質屋営業法第1条①　この法律において，「質屋営業」とは，物品（有価証券を含む。第22条を除き，以下同じ。）を質に取り，流質期限までに

当該質物で担保される債権の弁済を受けないときは，当該質物をもつてその弁済に充てる約款を附して，金銭を貸し付ける営業をいう。

同法第18条①　質屋は，流質期限を経過した時において，その質物の所有権を取得する。

（債務の履行の場所）

第516条　商行為によって生じた債務の履行をすべき場所がその行為の性質又は当事者の意思表示によって定まらないときは，特定物の引渡しはその行為の時にその物が存在した場所において，その他の債務の履行は債権者の現在の営業所（営業所がない場合にあっては，その住所）において，それぞれしなければならない。

民法関連条文

（弁済の場所及び時間）

第484条①　弁済をすべき場所について別段の意思表示がないときは，特定物の引渡しはその債権発生の時にその物が存在した場所において，その他の弁済は債権者の現在の住所において，それぞれしなければならない。

②　法令又は慣習により取引時間の定めがあるときは，その取引時間内に限り，弁済をし，又は弁済の請求をすることができる。

（指図証券の弁済の場所）

第520条の8　指図証券の弁済は，債務者の現在の住所においてしなければならない。

＊記名式所持人払証券への準用規定（520条の18），無記名証券への準用規定（520条の20）

用語解説

特定物——その物の個性に着目して取引の対象とされる物。不動産，骨とう品，中古車など。

営業所——商人の営業活動の中心となる場所。ここで取引についての決定が行われ，指揮命令が発せられる。会社の本店・支店の所在場所は登記事項である（会社法911条３項３号・912条３号・913条３号・914条３号）。

§1　債務履行の場所と時間

　債務はどこで履行してもよいわけではありません。通常は，当事者間の合意または慣習によって定められます。しかし，それらによって定まらない場合にも，法は一定の場所で履行すべき旨を定めています。それによると，履行の場所は目的物の性質によって異なり，特定物引渡債務については，行為当時（民法では債権発生当時）その物が存在していた場所，特定物以外の債務については，債権者の現在の営業所，営業所のないときはその住所（民法では現在の住所）が履行の場所になります。平成29年（2017年）改正前は，商法516条２項（削除）で，指図証券・無記名証券の弁済の場所を債務者の営業所（営業所がない場合は，その住所）とする規定がありましたが，現在は民法520条の８で指図証券の弁済を債務者の現在の住所で行うと規定しています。同規定は無記名証券にも準用されています。

　また債務を履行する又は履行を請求する時間については，平成29年（2017年）改正前は，商法520条（削除）で法令又は慣習により商人の取引時間の定めがあるときは，その取引時間内に限ると規定していましたが，現在は民法484条２項で，一般的な民事債務のルールとして取引時間内の弁済又は弁済の請求を規定しています。

　　第517条　削除

第518条　削除

第519条　削除

第520条　削除

平成29年改正前条文

（取引時間）
第520条　法令又は慣習により商人の取引時間の定めがあるときは，その取引時間内に限り，債務の履行をし，又はその履行の請求をすることができる。

商法における有価証券に関する規定の削除

　商法516条2項（有価証券の弁済場所），商法517条（指図債権等の証券の提示と履行遅滞），商法518条（有価証券喪失の場合の権利行使方法），商法519条（有価証券の譲渡方法及び善意取得）の各規定が削除されました。

民法関連条文

（指図証券の提示と履行遅滞）
第520条の9　指図証券の債務者は，その債務の履行について期限の定めがあるときであっても，その期限が到来した後に所持人がその証券を提示してその履行の請求をした時から遅滞の責任を負う。
（指図証券喪失の場合の権利行使方法）

第520条の12　金銭その他の物又は有価証券の給付を目的とする指図証券の所持人がその指図証券を喪失した場合において，非訟事件手続法第114条に規定する公示催告の申立てをしたときは，その債務者に，その債務の目的物を供託させ，又は相当の担保を供してその指図証券の趣旨に従い履行させることができる。

（指図証券の譲渡）

第520条の2　指図証券の譲渡は，その証券に譲渡の裏書をして譲受人に交付しなければ，その効力を生じない。

（指図証券の裏書の方式）

第520条の3　指図証券の譲渡については，その指図証券の性質に応じ，手形法（昭和7年法律第20号）中裏書の方式に関する規定を準用する。

（指図証券の善意取得）

第520条の5　何らかの事由により指図証券の占有を失った者がある場合において，その所持人が前条の規定によりその権利を証明するときは，その所持人は，その証券を返還する義務を負わない。ただし，その所持人が悪意又は重大な過失によりその証券を取得したときは，この限りでない。

§1　有価証券の基本法　商法から民法へ

　民法の債権法改正が120年ぶりに行われ，民法第三編債権第一章総則の第七節として「有価証券」（民法520条の2以下）の項目が新設され，指図証券，記名式所持人払証券，記名証券，無記名証券についての規定が置かれる一方で，改正前民法469条，470条以下の指図債権・記名式所持人払債権，無記名債権に関する規定は削除され，また改正前民法86条3項の無記名債権を動産とみなすという規定も削除されました。

　平成29年（2017年）民法改正において，有価証券の譲渡と抗弁，善意取得，弁済に関する条文が民法（債権法）で規定されることになり，同様の有価証券

の法的関係を規律する改正前商法516条2項，517条，518条，519条の各条文が削除されました(民法の一部を改正する法律の施行に伴う関係法律の整備等に関する法律)。

　＊民法には有価証券についての一般的な定義規定は置かれていません。

§2　有価証券の種類

　その証券の譲渡方法と効力の違いから，記名証券・指図証券・無記名証券という有価証券の分類が行われます。指図証券は裏書により譲渡され，無記名証券は証券の交付により譲渡され，共に証券の譲渡による抗弁の切断と善意取得の保護が与えられます。記名証券は通常の指名債権の譲渡方式と効力で譲渡されるものですが，権利の行使に証券の所持が必要とされるために有価証券としての性質が認められるものです。また証券に表章される権利の違いにより，債権証券・物権証券・社員権証券という分類も行われます。

　経済的機能の面からは資本の調達や投資に用いられる有価証券を資本証券と呼び，証券取引所での取引の対象とされますが，これらの証券類では混蔵寄託や振替決済制度の発達に伴い，紙の果たす役割はしだいに少なくなりました。有価証券をその発行態様により大量的証券と個別的証券に分類するときには，資本証券は大量的証券に属し，手形や小切手，運送証券，倉庫証券などは個別的証券とされます。同一規格の権利内容の証券が大量に発行される株券や債券類は大量的証券ですが，これらの証券では権利の行使や権利の譲渡に証券自体をいちいち提示したり，移動させることは不便なために証券自体をまとめて一か所に保管した上で，帳簿上の記載により権利の譲渡を行う仕組みが早くから発達してきました。現在では，「社債・株式等の振替に関する法律」により振替口座簿の記載・記録による株式の譲渡（同法140条）や善意取得（同法144条）が認められています。

§3　有価証券の機能

　有価証券に求められる大事な働きの一つである権利の流通がスムーズに行われるようにするためには，人的な抗弁の切断（民法520条の6・520条の16）や，善意取得の保護（民法520条の5・520条の15）などにより証券を取得する者の法的な立場をしっかりと保障することが必要となります。また権利の行使にあたっては，その所持する証券を提示させることで，権利者でない者がその権利を行使できないようにすると共に，証券を提示して請求してくる者に対して善意で支払等をなすことで，事情によっては債務者に法的な免責保護（民法520条の10・520条の18）を与えるようにすることも行われます。この証券さえ保持していれば，勝手に別の者によりその権利が行使されることはないという「安全機能」は，有価証券であることのミニマムの働きとされ，記名証券のように権利流通の働きのために法的な保護（抗弁の切断や善意取得）が与えられていないような証券であっても，その有価証券性が肯定される理由の一つとされます。

　この安全機能の反面として，たとえ本来の権利者であっても証券をなくしたり，盗まれたり，焼失したような場合には，権利を行使することができなくなります。そこでこの有価証券を喪失した者が再び権利行使のできるようになるための手続きとして，公示催告に基づく除権決定という制度が非訟事件手続法で定められています。この除権決定を得ることで，喪失した証券自体を無効としたうえで（非訟118条1項・民法520条の11），有価証券による権利を再び主張することのできる法的立場を回復することができます（非訟118条2項）。なおこの公示催告の申し立てをした者に，一定の要件の下に除権決定を得る前に権利行使が認められる場合もあります（民法520条の12）。

（商人間の留置権）

第521条　商人間においてその双方のために商行為となる行為によって生じた債権が弁済期にあるときは，債権者は，その債権の弁済を受けるまで，その債務者との間における商行為によっ

て自己の占有に属した債務者の所有する物又は有価証券を留置
することができる。ただし，当事者の別段の意思表示があると
きは，この限りでない。

§1　商事留置権

　留置権は目的物を債権者の手もとに留置して，債務者の履行を促す担保物権
です。民法上の留置権は個別的な取引における当事者間の公平の原理から認め
られたものであり，したがって物と債権との個別的な関連性が必要とされます。
たとえば，靴を修理した場合の修繕代金とその靴といったような関連性が必要
となるわけです（民法295条）。これに対して，商法上の留置権，たとえば商人間
の留置権（本条）は，商人の手もとを頻繁に出入りする一般商品を担保物たら
しめ，継続的信用取引の安全と迅速化に奉仕するために認められているもので
す。したがって民法の場合のように物と債権との個別的関連は必要とされてい
ないわけです。なお商法は商人間の留置権のほかに，代理商・問屋・運送取扱
人・運送人のために留置権に関する特則を規定しています（これらを包括して商
事留置権といいます）。各種の留置権の相違について，表（92頁）参照。

【判例】　債務者の破産手続開始と商事留置権の効力（最判平10・7・14民集52・
　　　　5・1261，百選37）

　Y銀行に対して手形の割引を申込んでいたA会社は，銀行取引停止処分を受
けたため，Y銀行に対する貸付金債務の期限の利益を喪失しました。その後A
会社は破産宣告を受け，その破産管財人であるXがY銀行に対して当該手形の
返還を求めましたが，Y銀行は拒絶しました。そしてY銀行は当該手形の支払
期日に手形金の支払いを受け，A会社に対する貸付金債権の弁済に充当したた
め，XがY銀行に対して手形金相当額の損害賠償を請求しました。最高裁判所
は，「破産財団に属する手形の上に存在する商事留置権を有する者は，破産宣

告後においても，右手形を留置する権能を有し，破産管財人からの手形の返還請求を拒むことができるものと解するのが相当である」として，Xの請求を棄却しました。

【判例】 債務者の民事再生手続開始と商事留置権の効力（最判平23・12・15民集65・9・3511，百選38）

　Y銀行とXは，銀行に対する債務をXが履行しない場合には銀行が占有するXの動産，手形その他の有価証券を取立て又は処分の上，その取得金をXの債務の弁済に充当できる旨の銀行取引約定を結んでいた。その後，Xは再生手続の開始を申し立て，その決定を受けたが，同手続きの申立て前にY銀行がXから取立委任のための裏書譲渡を受けていた手形を，同手続き開始後にY銀行は取り立てた上でXの債務に充当した。Xはこの弁済充当は許されないとしてY銀行に対して不当利得の返還を請求しました。

　最高裁判所は，「会社から取立委任を受けた約束手形につき商事留置権を有する銀行は，同会社の再生手続開始後の取立てに係る取立金を，法定の手続によらず同会社の債務の弁済に充当し得る旨を定める銀行取引約定に基づき，同会社の債務の弁済に充当することができる。」として，Xの請求を棄却しました。

§2　債務者の所有する物─不動産

　商事留置権の目的物となるのは，債務者の所有する物と有価証券であり，債務者との間の商行為により債権者が占有する状態になったものです。この留置の目的物に不動産が含まれるのか，また債権者による占有とはどのような場合に認められるのかが問題となりました。例えば，建築請負業者が請負代金を被担保債権として建築中の建物の敷地にこの留置権を主張することが可能であるのか，敷地を万能板で囲み，施錠して施工業者の看板を掲げることで占有を肯定できるのか，などが裁判（東京高決平11・7・23判時1689・82，百選36）で争われています。

【判例】 商事留置権の目的物としての不動産（最判平29・12・14民集71・10・2184，百選35）

　貨物運送事業のＹ会社は，生コン製造会社であるＸから生コンの運搬を受託するとともに，Ｘ保有の土地を賃借し，駐車場として利用していた。Ｘが土地の賃貸借契約を解除しその明渡しを求めてきたのに対して，ＹはＸに対する運送委託料債権を被担保債権として土地に商事留置権が成立しているとして明渡しを拒んだ。Ｘは，不動産には商法521条に基づく留置権は成立しないと主張した。最高裁判所は，「不動産を対象とする商人間の取引が広く行われている実情からすると，不動産が同条の留置権の目的物となり得る」として不動産を商人間の留置権の目的物としての物に当たると判断しました。

> **第522条　削除**

平成29年改正前条文

（商事消滅時効）
第522条　商行為によって生じた債権は，この法律に別段の定めがある場合を除き，5年間行使しないときは，時効によって消滅する。ただし，他の法令に5年間より短い時効期間の定めがあるときは，その定めるところによる。

民法関連条文

民法関連条文
（債権等の消滅時効）
第166条①　債権は，次に掲げる場合には，時効によって消滅する。
　一　債権者が権利を行使することができることを知った時から5年間

　　行使しないとき。
　二　権利を行使することができるときから10年間行使しないとき。

用語解説

　時効──一定の状態が長時間継続している場合に，真実の法律関係のいかん
　　を問わず，継続した事実状態を尊重して，それを合法化する制度。

§1　時効期間の統一化

　平成29年(2017年)改正により，商事債権 5 年の消滅時効を定めていた商法522
条が削除され，また 3 年から 1 年の短期消滅時効を定めていた民法170条・171
条・172条・173条・174条の各規定も削除されました。これにより債権につい
ては，債権者が権利行使できることを知った時（主観的起算点）から 5 年間，権
利行使ができる時（客観的起算点）から10年間，行使しないときに時効により消
滅することになりました。商取引による迅速性を理由に民事債権との差異を商
事債権の消滅時効に設けていましたが，債権の種類を問わない統一的な消滅時
効期間の制度が導入されました。なお賃金債権については，当分の間は 3 年の
消滅時効となります（労働基準法115条，143条 3 項）。

第523条　削除

平成17年改正前条文

　（準商行為）
　第523条　第52条第 2 項ニ定メタル会社ノ行為ニハ商行為ニ関スル規定
　　ヲ準用ス

　平成17年（2005年）改正前商法52条では，会社を商行為を業とする商事会社（1項）と商行為以外の営利行為を業とする民事会社（2項）とに区分し，この民事会社を擬制商人としていました（同法4条2項）。

第2章　売　買

（売主による目的物の供託及び競売）

第524条① 　商人間の売買において，買主がその目的物の受領を拒み，又はこれを受領することができないときは，売主は，その物を供託し，又は相当の期間を定めて催告をした後に競売に付することができる。この場合において，売主がその物を供託し，又は競売に付したときは，遅滞なく，買主に対してその旨の通知を発しなければならない。

② 　損傷その他の事由による価格の低落のおそれがある物は，前項の催告をしないで競売に付することができる。

③ 　前2項の規定により売買の目的物を競売に付したときは，売主は，その代価を供託しなければならない。ただし，その代価の全部又は一部を代金に充当することを妨げない。

民法関連条文

（受領遅滞）

413条① 　債権者が債務の履行を受けることを拒み，又は受けることができない場合において，その債務の目的が特定物の引渡しであるときは，債務者は，履行の提供をした時からその引渡しをするまで，自己の財産に対するのと同一の注意をもって，その物を保存すれば足りる。

（弁済の提供の方法）

493条　弁済の提供は，債務の本旨に従って現実にしなければならない。

ただし，債務者があらかじめその受領を拒み，又は債務の履行について債権者の行為を要するときは，弁済の準備をしたことを通知してその受領の催告をすれば足りる。

（供託）

494条① 弁済者は，次に掲げる場合には，債権者のために弁済の目的物を供託することができる。この場合においては，弁済者が供託した時に，その債権は，消滅する。

一　弁済の提供をした場合において，債権者がその受領を拒んだとき。

二　債権者が弁済を受領することができないとき。

（供託に適しない物等）

497条　弁済者は，次の掲げる場合には，裁判所の許可を得て，弁済の目的物を競売に付し，その代金を供託することができる。

一　その物が供託に適しないとき。

二　その物について滅失，損傷その他の事由による価格の低落のおそれがあるとき。

三　その物の保存について過分の費用を要するとき。

四　前三号に掲げる場合のほか，その物を供託することが困難な事情があるとき。

用語解説

受領遅滞──債権者が受領を行わないために債務の履行が完了しない状態にあること。

§1　目的物の供託および競売

　民法によると，買主が目的物の受取りを拒むと，売主は目的物を供託するか，一定の手続きを経て競売し，競売代金を供託することが認められているにすぎません（民法494条・497条）。しかし，これらの方法では取引による法律関係の迅速な確定を必要とし，目的物の価格の騰落の激しい商事売買について，売主の

利益の保護としては不十分です。

　たとえば，売主が物品を買主に100万円で売った後，買主が価格の暴落を理由に引取りを拒否している場合を考えてみましょう。売主は物品を供託して代金の支払を請求できるが，買主が無資力であるときは，買主に代金を請求しても実質的には無意味です。このような場合の売主の不利益を考慮して定められたのが本条で，一般に自助売却権といわれています。たとえば，目的物の時価が80万円に下がり，今後も暴落が続きそうな場合に，売主は目的物を供託しないで相当の期間を定めて催告をした後に，自らそれを競売し，競売代金を売買代金に充当して，まだ足りない部分だけを買主に請求する道をとることができるのです。なお本規定は，商人間の売買に適用されるものであり，また売主が速やかにその契約義務を免れることを目的としていることから売買契約自体が解除されたときには適用ありません。買主が受領遅滞にあるとき（民法413条），買主（債権者）に受領義務を認めて売主側からの契約解除と損害賠償の請求を認める見解もあります。

（定期売買の履行遅滞による解除）

第525条　商人間の売買において，売買の性質又は当事者の意思表示により，特定の日時又は一定の期間内に履行をしなければ契約をした目的を達することができない場合において，当事者の一方が履行をしないでその時期を経過したときは，相手方は，直ちにその履行の請求をした場合を除き，契約の解除をしたものとみなす。

---

§1　確定期売買

　売買の性質または当事者の意思表示により，一定の日時または一定の期間内に履行をなすのでなければ契約の目的を達することができないような売買（クリスマスケーキ，うちわ，印刷年賀状，ウエディングドレスなど）を，確定期売買と

いいます。民法によれば，このような売買の場合，売主が履行しないで時期を経過したときは，買主は催告を要しないでいつでも契約の解除をすることができるとされています（民法542条1項4号））。つまり買主は，履行の請求と契約の解除いずれかを選択して行使できることになります。

　この結果，買主は目的物の時価が上がったら履行の請求をし，逆に下がったら解除するというような便宜な方法をとることも可能となるわけです。しかし，このような方法を認めることは，迅速な処理と画一的な取扱いを目的とする商事売買では妥当ではありません。そこで，民法に対する特則として，このような場合，買主が直ちに履行を請求しない限り，契約は当然に解除されたものとして扱われる旨の規定を設けたのです。なお本規定は，商人間の売買に適用されるものです。

（買主による目的物の検査及び通知）
第526条①　商人間の売買において，買主は，その売買の目的物を受領したときは，遅滞なく，その物を検査しなければならない。
②　前項に規定する場合において，買主は，同項の規定による検査により売買の目的物が種類，品質又は数量に関して契約の内容に適合しないことを発見したときは，直ちに売主に対してその旨の通知を発しなければ，その不適合を理由とする履行の追完の請求，代金の減額の請求，損害賠償の請求及び契約の解除をすることができない。売買の目的物が種類又は品質に関して契約の内容に適合しないことを直ちに発見することができない場合において，買主が6箇月以内にその不適合を発見したときも，同様とする。
③　前項の規定は，売買の目的物が種類，品質又は数量に関して契約の内容に適合しないことにつき売主が悪意であった場合には，適用しない。

用語解説

悪意——売主が目的物の引渡し時に，物の種類，品質または数量に関して契約不適合であることを知っていた。

§1　目的物の検査・通知義務

本条は，ゲルマン固有法の「買主は注意せよ」（caveat emptor）の原則に由来しています。売買において売主から買主に渡されたものが，注文したのは100個だったのに90個しかない（数量不足），届いたモーターの内に正常に作動しないものがある（品質不良），Lサイズの白いブラウスを頼んだのに箱を開けたらMサイズの黄色のブラウスが入っていた（商品違い）などのトラブルが生じた場合，契約不適合として買主は，売主に対して不足分の引渡し，目的物の修補，代替物の引渡しによる履行の追完を求めることができます（民法562条1項）。また売主が履行の追完をしないときは，買主は代金の減額を請求できます（民法563条）。そしてこの場合に買主は，売主との契約を解除すること（民法541条・542条）も債務不履行による損害賠償を請求すること（民法415条）も可能です（民法564条）。但し，買主が種類・品質の不適合を知った時から1年内にその旨を売主に通知しないときは，履行の追完・代金減額・損害賠償の請求，および契約の解除ができなくなります（民法566条）。

しかし，1年もの長期にわたり取引関係を不安定な状態のままにしておくことは，迅速性を尊ぶ商取引にとって妥当とは言えません。そこで商法は，商人間の売買において買主の検査・通知義務を規定し，売主の保護を強化し，取引関係の迅速化をはかっています。もちろん売買目的物の種類・品質に関して直ちに発見することのできないような契約不適合の場合には，売主に対する通知に6か月の期間が与えられています。例えば，納品された本の冊数は直ちに確認することが可能ですが，本の乱丁や落丁は直ちに発見できるものとはいえないでしょう。

民法関連条文

民法関連条文

（目的物の種類又は品質に関する担保責任の期間の制限）

第566条　売主が種類又は品質に関して契約の内容に適合しない目的物を買主に引き渡した場合において，買主がその不適合を知った時から１年以内にその旨を売主に通知しないときは，買主は，その不適合を理由として，履行の追完の請求，代金の減額の請求，損害賠償の請求及び契約の解除をすることができない。ただし，売主が引渡しの時にその不適合を知り，又は重大な過失によって知らなかったときは，この限りでない。

§1　数量不足の場合

　民法が定める１年以内の通知による権利行使期間の制限は，目的物の種類又は品質に関する契約不適合の場合であり，数量についての不適合は，外形的に明らかであることからこの制限には服さず，一般的な消滅時効（権利行使できることを知った時から５年，権利行使できる時から10年）の定め（民法166条１項）に従うとされています。

【判例】　通知義務の不履行と売主の責任（最判昭47・１・25判時662・85，百選41）

　暖房機器の製造販売業者Ｘがビニールハウス内で使用する暖房用バーナーを種苗卸業者Ｙに売却したが，このバーナーはタンク内に亀裂の生じる不良品であった。Ｘの代金支払い請求に対して，ＹはＸの給付は債務の本旨に反したものであり，売買の目的物の引渡しを了したとはいえず，代金支払債務の履行期日は来ていないと主張した。なおＹは，バーナーの受領後１年余りの間にＸに対して完全な給付を求めたり，契約の解除，損害の発生を通告することはなかった。最高裁判所は，「両者はともに商人であって，本件売買契約が商行為であることは明らかである。それゆえ，買主たるＹは，目的物を受け取った後遅

滞なくこれを検査し，もし，これに瑕疵があることを発見したならば，直ちに
Xにその旨の通知を発しなければ，その瑕疵によって契約の解除または損害の
賠償を請求することはできない…契約を解除しえず，また，損害の賠償をも請
求しえなくなった後においては…もはや完全な給付を請求しえないものと解す
る」として，XのYに対する売買代金の支払請求を認めました。

（買主による目的物の保管及び供託）

第527条① 前条第1項に規定する場合においては，買主は，契約
の解除をしたときであっても，売主の費用をもって売買の目的
物を保管し，又は供託しなければならない。ただし，その物に
ついて滅失又は損傷のおそれがあるときは，裁判所の許可を得
てその物を競売に付し，かつ，その代価を保管し，又は供託し
なければならない。

② 前項ただし書の許可に係る事件は，同項の売買の目的物の所
在地を管轄する地方裁判所が管轄する。

③ 第1項の規定により買主が売買の目的物を競売に付したとき
は，遅滞なく，売主に対してその旨の通知を発しなければなら
ない。

④ 前3項の規定は，売主及び買主の営業所（営業所がない場合
にあっては，その住所）が同一の市町村の区域内にある場合に
は，適用しない。

第528条 前条の規定は，売主から買主に引き渡した物品が注文
した物品と異なる場合における当該売主から買主に引き渡した
物品及び売主から買主に引き渡した物品の数量が注文した数量
を超過した場合における当該超過した部分の数量の物品につい
て準用する。

§1　買主の目的物保管・供託義務

　民法において契約を解除した場合には，各当事者は原状回復義務を負い（民法545条1項），売主は売買代金を，買主は売買の目的物をそれぞれ返還しなければなりません。しかし商人間の売買において，買主が売買目的物の種類，品質または数量に関する契約不適合に基づく契約の解除をした場合（商法526条2項）は，売主の指示があるまで買主は売主の費用をもって売買の目的物を保管または供託しなければなりません（商法527条1項）。これは契約解除後に売主が新たに別の商人と売買契約をしたような場合に，目的物（商品）をいったん前の買主から売主へ戻した後，また新たな買主に移動させる手間と時間を省くためです。売主にとりその商品を今の所在場所で売却したほうが有利であり，返送中の危険や商品の劣化を防ぐことができる場合が多いために認められています。ですから，売主と買主の営業所（住所）が同一市町村の区域内にある場合は目的物（物品）を直ちに引き渡すことができるので，この買主の保管・供託義務はありません。また売主に悪意がある（目的物の契約不適合を知っていた）場合にも，売主を保護する必要がないので，買主の義務はありません。なおこの目的物保管・供託義務は，売主から買主に引き渡した物品が注文した物品と異なる場合，および注文した数量を超過した場合にも生じます（商法528条）。買主は売主に対して保管の費用のほかに相当の報酬を求めることができます（商法512条）。

第3章　交互計算

（交互計算）
第529条　交互計算は，商人間又は商人と商人でない者との間で
　　平常取引をする場合において，一定の期間内の取引から生ずる
　　債権及び債務の総額について相殺をし，その残額の支払をする
　　ことを約することによって，その効力を生ずる。

（商業証券に係る債権債務に関する特則）
第530条　手形その他の商業証券から生じた債権及び債務を交互
　　計算に組み入れた場合において，その商業証券の債務者が弁済
　　をしないときは，当事者は，その債務に関する項目を交互計算
　　から除外することができる。

（交互計算の期間）
第531条　当事者が相殺をすべき期間を定めなかったときは，そ
　　の期間は，6箇月とする。

§1　交互計算の意味と機能

　交互計算とは，商人間または商人と非商人との間で，一定期間（交互計算期間）内の平常取引から発生する相互の債権・債務の総額について一括して相殺を行い，その残額についての支払をすることを合意する契約です（商法529条）。この期間は自由に決めることができますが，当事者が定めなかった場合は6か月とされます（商法531条）。継続的な取引関係の中で，お互いに相手方に対する債権を取得する関係に立つ当事者間で，いちいち各債権が生じる度ごとに決済を行っていくことは不便です。そこで一定期間の経過後に，トータルして差し

引きを行い，その差額のみを支払って済ませるという工夫が生まれました。そのような合意が，少なくとも当事者の一方が商人であるような関係で行われると商法上の交互計算となります。運送業者の間や保険会社・代理店の間などでよく行われます。交互計算に組み入れられた債権・債務については，当事者が個別の債権として行使することや譲渡，質入れなどをすることができなくなります（交互計算の消極的効力）。この交互計算を利用することで，当事者双方は頻繁な金銭の授受に伴う危険性を免れ，手間を省くことができるようになるだけでなく，期末まで支払が猶予されたのと同様に手持ちの資金の有効利用が可能となります。また相殺の担保的機能を考えると，お互いに相手の持つ債権を自己の債権の担保とする関係が認められます。

§2　交互計算不可分の原則

　交互計算の期間中の債権・債務が独立性を失い，当事者が任意に個々の債権を交互計算の項目から除いて，その権利を行使することや譲渡ができなくなり，一括して相殺の対象とされるために法的に拘束された状態になることを交互計算不可分の原則といいます。この原則が，当事者以外の者に対しても効力を有するのかについては議論があります。判例は，この原則の対第三者効を認めて，交互計算中の債権が第三者に譲渡されたり，または差し押さえられたような場合には，その譲渡や差押は無効であるとしています（大判昭11・3・11民集15・320　百選64）。交互計算に組み入れられた債権は，性質上譲渡しえない債権（民466条1項但書）になると考えられるからです。これに対して，交互計算が当事者の意思表示に基づく仕組みである以上，組入れ債権も譲渡禁止の特約（民466条2項）によりその譲渡が制限されているにすぎないとして，善意・無重過失の債権の譲受人には対抗できず（民466条3項），また差押債権者の場合はその善意悪意を問わずに差押えの効力を認める（民466条の4第1項）とする見解もあります。

　当事者は，交互計算不可分の原則により，いったん組み入れられた債権・債務と計算項目を任意に交互計算の関係から除くことはできません。しかし手形

などの商業証券から生じた債権・債務（手形上の債権・債務ではなく，手形の授受による対価としての債権・債務を意味します）を交互計算に組み入れた場合に，その証券の債務者が弁済しなかったときには，その債務に関する項目を交互計算から除去することが可能となります（商法530条）。手形割引による割引代金の債務を交互計算の項目に組み入れたような場合に，その手形の主債務者（約束手形の振出人）が満期に支払わずに手形が不渡りとなってしまったような場合に，割引人（手形を割り引いて代金を支払う者）である当事者は，割引代金債務を交互計算から除外することができます。

（交互計算の承認）

第532条　当事者は，債権及び債務の各項目を記載した計算書の承認をしたときは，当該各項目について異議を述べることができない。ただし，当該計算書の記載に錯誤又は脱漏があったときは，この限りでない。

（残額についての利息請求権等）

第533条①　相殺によって生じた残額については，債権者は，計算の閉鎖の日以後の法定利息を請求することができる。

②　前項の規定は，当該相殺に係る債権及び債務の各項目を交互計算に組み入れた日からこれに利息を付することを妨げない。

（交互計算の解除）

第534条　各当事者は，いつでも交互計算の解除をすることができる。この場合において，交互計算の解除をしたときは，直ちに，計算を閉鎖して，残額の支払を請求することができる。

---

§1　交互計算期間の満了と残額の確定

　交互計算期間が満了すると，期間中の債権・債務の総額について一括して差引計算が行われて，一方の当事者から他方の当事者に対して支払われなければ

ならない残額債権が確定することになります（交互計算の積極的効力）。債権・債務の各項目を記載した計算書が作成され，その計算書が当事者により承認されると当事者はもはや異議を述べることができなくなり（商法532条），残額が確定します。ただし，計算書の記載に錯誤や脱漏があったときは，交互計算外において不当利得の返還請求が問題となります。

　残額が確定した場合には，その残額債権について債権者は計算閉鎖の日以後の法定利息を請求することができますが，このことは当事者の特約によって債権・債務の各項目を交互計算に組み入れた日から通常の利息を付けることにしていたような場合でも同じです（商法533条）。この場合は，重利の禁止（民法405条）の例外が認められます。

　交互計算は二当事者間の契約であり，その存続期間を定めていたとしても，各当事者はいつでもこの契約を解除することができます。その場合には，直ちに計算を閉じて，残額の支払を請求することが可能です（商法534条）。交互計算関係が双方の当事者の信用に基づく継続的な関係であることから，相手の信用状態の変化に対応する方法を認めているのです。また一方の信用状態が悪化して，破産手続，民事再生手続，会社更生手続の開始決定があったときは，交互計算は当然に終了します（破産法59条1項，民事再生法51条，会社更生法63条）。交互計算の終了により，計算は閉鎖されて残額債権が成立します。

【判例】　交互計算不可分の原則の対第三者効（大阪高判平14・1・31裁判所Web平13（ネ）2883 LEX/DB25410474）

　Y損害保険会社とA代理店との損害保険代理店委託契約においては，Aが扱った保険契約が成立するとYのAに対する保険料請求権が発生する一方で，AのYに対する手数料債権も発生し，それらの債権は別個独立に行使されず，前月の締切日の翌日から当月の締切日までの期間を単位として，その間は相互に支払を猶予し合い，当月の締切日にそれまでに取得した相互の債権の総額について差引計算し，その差額を翌月末日までに支払うものされていました。裁判所は，交互計算期間を1か月とする交互計算の合意を認めました。XはAを

債務者，Yを第三債務者としてAのYに対する手数料債権についての差押命令を得ましたが，Yは交互計算に組み入れられた個々の債権に対する差押は許されないので差押は無効であると主張しました。高等裁判所は，「損害保険代理店委託契約においては交互計算の合意がなされているところ，交互計算は，相互に債権・債務を生じる継続的取引を行う当事者間において，決済の簡易化を図る機能を有し，また，交互計算期間中相互に信用を授与しあうところから担保的機能も有するものであり，…これら債権の個別的な処分は許されないもの，すなわち，交互計算不可分の原則が妥当するものと解される。そして，交互計算不可分の原則をおよそ第三者に主張できず個別的な債権譲渡や差押えが許されるものとすると，交互計算の上記機能は阻害され，交互計算の意義は失われるから，商法529条の合理的解釈として，交互計算不可分の原則は，第三者にも主張しうるものと解するのが相当である。」として，手数料債権の差押は許されないと判示しました。

第4章　匿名組合

（匿名組合契約）

第535条　匿名組合契約は，当事者の一方が相手方の営業のために出資をし，その営業から生ずる利益を分配することを約することによって，その効力を生ずる。

（匿名組合員の出資及び権利義務）

第536条①　匿名組合員の出資は，営業者の財産に属する。

②　匿名組合員は，金銭その他の財産のみをその出資の目的とすることができる。

③　匿名組合員は，営業者の業務を執行し，又は営業者を代表することができない。

④　匿名組合員は，営業者の行為について，第三者に対して権利及び義務を有しない。

（自己の氏名等の使用を許諾した匿名組合員の責任）

第537条　匿名組合員は，自己の氏若しくは氏名を営業者の商号中に用いること又は自己の商号を営業者の商号として使用することを許諾したときは，その使用以後に生じた債務については，営業者と連帯してこれを弁済する責任を負う。

（利益の配当の制限）

第538条　出資が損失によって減少したときは，その損失をてん補した後でなければ，匿名組合員は，利益の配当を請求することができない。

§1　匿名組合の歴史と役割

およそ10世紀頃に，地中海沿岸で行われたコンメンダ（船長に金銭・商品・船舶などを委託して貿易による利益の配分に与る契約）を起源とし，コレガンチオを経て，15世紀に合資会社と匿名組合の2つの形態に分化したとされる，事業活動に資本を提供する者と事業の経営手腕を持つ者とが結びつく仕組みの1つです。日本でも，南蛮貿易に投げ銀（なげがね）という同じような投資方法があったと言われています。

営業者（商人）は，その資本関係を秘密にし，営業に対する干渉を避けて自由に経営を行うことが可能となり，お金を借りたときのように確定した利子を支払う必要もありません。また出資者（匿名組合員）は，官公吏や聖職者などその社会的地位や法律上の制限（国公法103条1項参照）などから自身では営業者になれないか，営業者となることを好まないような場合でも，出資関係を秘匿しつつ有利な投資を行ってその商人の営業活動から利益の分け前を受け取ることができます。もちろん投資した事業が失敗すれば，貸金（金銭消費貸借）の場合とは違い，お金が戻ってくることがないというリスクは負っています。そういう点では投資行為の原型ともいえるものです。

§2　匿名組合契約

この契約には組合という用語が使用されていますが，民法上の組合契約（民法667条以下）とは異なり，団体的な法律関係の形成を目的とするものではありません。営業者と，その営業のために出資を行う匿名組合員という二当事者間で結ばれる双務契約であり，匿名組合員は営業者の営業のために金銭等の財産的価値あるものを出資し（労務・信用の出資は認められない——商法536条2項），その出資財産を基に営業者が営業を営み，それにより生じた利益を匿名組合員に分配することを約束の内容とする契約です（商法535条）。営業者がこの契約のもとに営業を行うにあたっては，善管注意義務を負うとされ，匿名組合員との利益相反関係が生じるような行為は問題になります（最判平28・9・6判時2327・82，百選65）。また特約のない限り，競業避止義務を負うとされています。

　出資された財産は営業者のみに帰属しており（商法536条１項），匿名組合員には持分が認められていません。匿名組合には法人格もなく，あくまでも二当事者間の契約であり，３人以上を当事者として１つの契約を結ぶことはできません。もちろん営業者が複数の出資者との間で，各別に匿名組合契約を複数結ぶことはできますが，この複数の出資者（匿名組合員）相互の間には何らの法律関係も生じません。

　営業者の営む営業は，法的には営業者の単独事業であり，その経営は営業者のみに一切委ねられ，匿名組合員には業務執行や代表の権限が認められません（商法536条３項）。匿名組合員には営業者の取引先等との間で権利義務の法律関係が認められることもありません（商法536条４項）。しかし，匿名組合員が自己の名前や商号を営業者の商号として使用することを許していたような場合（名板貸）には，営業者の債務について連帯責任を負担することになります（商法537条）。

【判例】　匿名組合員の氏の使用による責任（神戸地判昭62・３・31判タ651・199）

　Ｘは，「ステーキアンドラウンジやまもと」の屋号でＡが営む店に，酒類を売り渡していましたが，実質的経営者であるＹ（山本）に未払い代金を請求しました。裁判所は，Ｙが同店の開店に相当の資金を提供していることと同店の収益分配に預かっていること等を理由にＹＡ間に匿名組合契約の成立を認め，同店の屋号に「平仮名ではあるけれども，自己の氏を使用することを許諾し，かつ同店とＸとの取引の初め，直接その交渉に臨んで，ＸをしてＹが同店の陰の共同経営者であると信じさせている」として，商法537条によりＹにＡと連帯してＸに対する売掛残代金の支払いを命じました。

§3　利益の分配

　匿名組合員は営業者から利益の分配を受ける権利を持っています。しかし貸金のように一定の利息を請求することができるわけではなく，営業活動により

生じた財産の増加額（利益）から配当を請求することができるのです。利益の分配は，出資の割合に応じて行われますが，損失が生じているような場合には，まずそのてん補が営業による利益で行われた後でなければ，分配を求めることはできません（商法538条）。

　但し，てん補のために匿名組合員が金銭による追加出資をする義務はありません。

　（貸借対照表の閲覧等並びに業務及び財産状況に関する検査）

第539条① 　匿名組合員は，営業年度の終了時において，営業者の営業時間内に，次に掲げる請求をし，又は営業者の業務及び財産の状況を検査することができる。

　一　営業者の貸借対照表が書面をもって作成されているときは，当該書面の閲覧又は謄写の請求

　二　営業者の貸借対照表が電磁的記録（電子的方式，磁気的方式その他人の知覚によっては認識することができない方式で作られる記録であって，電子計算機による情報処理の用に供されるもので法務省令で定めるものをいう。）をもって作成されているときは，当該電磁的記録に記録された事項を法務省令で定める方法により表示したものの閲覧又は謄写の請求

② 　匿名組合員は，重要な事由があるときは，いつでも，裁判所の許可を得て，営業者の業務及び財産の状況を検査することができる。

③ 　前項の許可に係る事件は，営業者の営業所の所在地（営業所がない場合にあっては，営業者の住所地）を管轄する地方裁判所が管轄する。

用語解説

電磁的記録——磁気ディスクなど情報を確実に記録できる物で調整するファイルに情報を記録したもの（商法施行規則９条）。

§1　匿名組合員による営業に対する監視

匿名組合員は，営業者の業務・財産の状況を知るために，営業者の貸借対照表を見ることができます。また裁判所の許可を得て，その業務・財産の状況を検査することが可能です。金銭消費貸借であれば，貸主は金銭の利用目的に干渉することはできませんが，匿名組合の場合には，営業の成績如何が，組合員への利益配分に関わってくるために営業者の経営状態について監視する権限が認められたのです。

（匿名組合契約の解除）

第540条①　匿名組合契約で匿名組合の存続期間を定めなかったとき，又はある当事者の終身の間匿名組合が存続すべきことを定めたときは，各当事者は，営業年度の終了時において，契約の解除をすることができる。ただし，６箇月前にその予告をしなければならない。

②　匿名組合の存続期間を定めたか否かにかかわらず，やむを得ない事由があるときは，各当事者は，いつでも匿名組合契約の解除をすることができる。

（匿名組合契約の終了事由）

第541条　前条の場合のほか，匿名組合契約は，次に掲げる事由によって終了する。

　一　匿名組合の目的である事業の成功又はその成功の不能

　二　営業者の死亡又は営業者が後見開始の審判を受けたこと。

> 三　営業者又は匿名組合員が破産手続開始の決定を受けたこと。
>
> **（匿名組合契約の終了に伴う出資の価額の返還）**
>
> **第542条**　匿名組合契約が終了したときは，営業者は，匿名組合員にその出資の価額を返還しなければならない。ただし，出資が損失によって減少したときは，その残額を返還すれば足りる。

§1　匿名組合契約の終了

　匿名組合契約の各当事者は，その意思により契約関係を終了させることができます。組合の存続期間を定めていないときには，6か月前に解約の告知をしたうえで営業年度の終わりに契約の解除をすることができます（商法540条1項）。また一定の存続期間を定めている場合にも，営業者が利益の配当を拒むような，やむを得ない事由が生じたときには，いつでも契約を解除することができます（商法540条2項）。

　当事者の意思によらない終了原因としては，①組合の目的たる事業の成功または成功の不能，②営業者の死亡または後見開始の審判，③営業者または匿名組合員の破産手続開始の決定，があります（商法541条）。企業の再建計画や開発プロジェクトなどを事業目的としているような場合には，その成功や不成功の判定が可能となるでしょう。また営業者の経営能力や信用に基づいて出資が行われる以上，そこに問題が生じれば，匿名組合関係は当然終了することになります。

§2　出資の返還請求

　匿名組合契約の終了により，営業者は匿名組合員の出資した金額を返還することになります。匿名組合員の有する出資の返還請求権は純粋の債権であり，持分会社社員の残余財産分配請求権とは違い（会社法664条参照），営業者に対する一般債権者と同列の法的取り扱いが認められています。なお現物出資の場合にも特約のない限り，金銭に評価して返還することになります。また損失があ

る場合に，その分担により出資額が減少しているときには，減額された残額分を返還すればよいとされています（商法542条）。

【判例】 匿名組合契約の解除と返還義務（名古屋地判昭53・11・21判タ375・112）

匿名組合員であるX_1は，本件土地の所有者のX_2の承諾の下に，その所有権を営業者Yに出資しましたが，X_1による解除で，民法545条の適用により出資した財産自体が前所有者X_2に復帰すると主張しました。裁判所は，「出資によって営業者に帰属した財産は，その使用権のみを出資した場合は別として，特約のない限り，匿名組合員に復帰せず，営業者は右契約終了の効果として，右出資の価額（出資が損失によって減少したときはその価額の残額）のみを返還すれば足りる」として，X_1，X_2の請求を棄却しました。

第5章　仲立営業

（定義）

第543条　この章において「仲立人」とは，他人間の商行為の媒
　　介をすることを業とする者をいう。

---

§1　仲立人

　仲立人とは，いわゆる周旋業者であって，他人間の商行為の成立を容易にす
るための媒介行為を引受けることを営業とする商人です。媒介される行為は，
少なくとも当事者の一方にとって商行為であることが必要とされ，商行為でな
い法律行為を媒介する場合には，本条にいう仲立人（商事仲立人）にはあたりま
せん。例えば，旅行業者が宿泊客とホテル・旅館との間で結ばれる宿泊契約を
斡旋する場合は，この当事者間の契約は場屋取引（商法502条7号）となり，ま
た旅行客と航空会社・鉄道会社との間に結ばれる運送契約を旅行業者が斡旋す
る場合にも当事者間の契約は運送に関する行為（商法502条4号）として商行為と
なるので，これらの媒介を行う旅行業者は，商事仲立人になります。

　これに対して，私たちが居住目的で一般人との間で土地・家屋を売買するよ
うな場合に利用する周旋業者は，商行為以外の法律行為の媒介を引き受ける仲立
人（民事仲立人）として本条の対象にはなりません。また婚姻の媒介を行う結
婚紹介業者も民事仲立人となります。

　このような民事仲立人も，その媒介行為が営利目的で業として行われる場合
には，商法502条11号の仲立ちに関する行為を行う者として，商人（商法4条1
項）になります（最判昭44・6・26民集23・7・1264，百選34）。

（当事者のために給付を受けることの制限）

第544条　仲立人は，その媒介により成立させた行為について，当事者のために支払その他の給付を受けることができない。ただし，当事者の別段の意思表示又は別段の慣習があるときは，この限りでない。

（見本保管義務）

第545条　仲立人がその媒介に係る行為について見本を受け取ったときは，その行為が完了するまで，これを保管しなければならない。

（結約書の交付義務等）

第546条①　当事者間において媒介に係る行為が成立したときは，仲立人は，遅滞なく，次に掲げる事項を記載した書面（以下この章において「結約書」という。）を作成し，かつ，署名し，又は記名押印した後，これを各当事者に交付しなければならない。

　　一　各当事者の氏名又は名称

　　二　当該行為の年月日及びその要領

②　前項の場合においては，当事者が直ちに履行をすべきときを除き，仲立人は，各当事者に結約書に署名させ，又は記名押印させた後，これをその相手方に交付しなければならない。

③　前2項の場合において，当事者の一方が結約書を受領せず，又はこれに署名若しくは記名押印をしないときは，仲立人は，遅滞なく，相手方に対してその旨の通知を発しなければならない。

（帳簿記載義務等）

第547条①　仲立人は，その帳簿に前条第1項各号に掲げる事項を記載しなければならない。

> ②　当事者は，いつでも，仲立人がその媒介により当該当事者の
> ために成立させた行為について，前項の帳簿の謄本の交付を請
> 求することができる。

用語解説

署名・記名押印——署名とは文書に氏名を書くことで，本来自筆による手書
きを意味しますが，平成30年（2018年）改正により「記名押印をもって，
署名に代えることができる」と規定していた商法32条が削除されたため
に，法文に記名押印が付加されました。記名押印とは，行為者の名称を
手書き，印刷，スタンプ，タイプ，コピーなどにより表示したうえで，
印章を押捺する方法です。

帳簿——仲立人日記帳を意味する。商業帳簿（商法19条2項）・会計帳簿（会
社法432条）ではない。

§1　仲立人の権限と義務

　仲立人は媒介という事実行為を行うだけで，媒介により成立させる法律行為
の当事者ではなく，その当事者のために支払その他の給付を受ける権限をもち
ません。従って当事者の一方が，他方の当事者に対する給付を仲立人に対して
行っても債務の履行とはなりません。しかし当事者がその氏名・名称を相手方
に示さないことを仲立人に命じている場合（商法548条）には，仲立人に給付を
受領する権限を与える旨の別段の意思表示があったものと解されています。

　仲立人には，後日に当事者間で紛争が生じることを予防するために，いくつ
かの義務が法定されています。

。見本保管義務——仲立人は，売買の目的物が見本と同一の品質を有すること
　　　　　　　　を担保する見本売買において，自己が受け取っている見本を媒介
　　　　　　　　した売買の行為が完了するまで保管しなければならない。この場
　　　　　　　　合，目的物の品質についての紛争が起こる可能性がなくなるま

保管するということは，目的物の契約不適合を理由として買主が法的手段を取ることのできる期間の終了が基準となる（商法526条2項，民法566条）。

○結約書の交付義務・通知義務——仲立人は媒介行為の成立したときは，各当事者の氏名・名称，契約成立の年月日，契約内容の重要事項を記載した書面を作成して自ら署名・記名押印したうえで各当事者に交付する。電磁的方法による作成と交付も認められている（商法施行規則10条・11条）。媒介した契約の履行が期限・条件付きで後日に行われる場合には，この書面に各当事者の署名・記名押印が必要になる。当事者の一方が，結約書の受領やその署名・記名押印を拒否した場合は，他方の当事者にその旨を通知しなければならない。

○帳簿作成義務・謄本交付義務——仲立人は媒介により成立した当事者間の法律行為について結約書に記載すべき事項を記載する帳簿を作成して，各当事者からの帳簿の謄本の交付請求に応じなければならない。この帳簿は仲立人日記帳と呼ばれており，商業帳簿（商法19条2項）ではなく仲立人の営業や財産の状況を記しているものではない。電磁的方法による作成と交付も認められている（商法施行規則10条・11条）。仲立人日記帳の保存期間は10年とされる（商法19条3項類推）。

（当事者の氏名等を相手方に示さない場合）

第548条　当事者がその氏名又は名称を相手方に示してはならない旨を仲立人に命じたときは，仲立人は，結約書及び前条第2項の謄本にその氏名又は名称を記載することができない。

第549条　仲立人は，当事者の一方の氏名又は名称をその相手方に示さなかったときは，当該相手方に対して自ら履行する責任

> を負う。

§1　氏名の黙秘と仲立人の介入義務

　仲立人は当事者の一方がその氏名・名称を相手方に示さないことを命じた時には，結約書や仲立人日記帳の謄本にその氏名・名称を記載することができません。仲立人日記帳自体にはその氏名・名称は記載されるので，相手方からの帳簿自体の閲覧請求は認められません。氏名の黙秘は商取引での有利な契約交渉のために認められるとされますが，媒介により契約が成立した後にも氏名の黙秘を継続させる意味は乏しいと言われています。

　仲立人が当事者の一方の名前を相手方に隠して媒介を行った場合には，相手方保護のために当事者間で成立した契約を自ら履行する義務（介入義務）を負います。この義務は，仲立人が当事者からの氏名黙秘の命令に従っているかどうかを問わずに認められます。媒介により成立した契約の当事者は，あくまでも匿名の当事者と相手方であり，仲立人が相手方からの求めに応じて介入義務を果たしてもその契約の当事者になるわけではないので，仲立人は契約上の権利を相手方に主張することはできません。仲立人から匿名の当事者に対する求償権は認められます。

（仲立人の報酬）

第550条①　仲立人は，第546条の手続を終了した後でなければ，報酬を請求することができない。

②　仲立人の報酬は，当事者双方が等しい割合で負担する。

---

§1　報酬請求権

　仲立人の報酬（仲立料）は，媒介により有効に契約が成立したときに諸費用（旅費・通信費など）を含めて，当事者双方に半額ずつ請求することができます。仲立料の請求時期は，結約書の交付手続の終了後ですが，当事者が合意間近の時期に，仲立料の支払いを免れるために媒介契約を解除して直接に当事者間で契約を成立させたような場合には，その成立時に仲立人は報酬を請求することができます。

【判例】　仲介業者の排除と業者の報酬請求権（最判昭45・10・22民集24・11・1599，百選66）

　Yは宅地建物取引業者Xに，Zが所有する土地の所有権および土地・建物の賃借権の譲受方につき，仲介を依頼しました。XがZと交渉し，Zから土地の売却価額について承諾を得たところ，その後YがXを介さずに，Zとの間で土地の売買契約を締結しました。そこでXはYに対して，商法512条・民法130条により，報酬の支払いを求める訴えを提起しました。最高裁判所は，「YおよびZら契約当事者双方は，Xの仲介によって間もなく契約の成立に至るべきことを熟知しながら，Xの仲介による契約の成立を避けるためXを排除して直接当事者間で契約を成立させたものであって，YおよびZにはXの仲介による土地売買契約の成立を妨げる故意があったものというべき」であるとして，Xの請求を認容しました。

第6章　問屋営業

（定義）

第551条　この章において，「問屋」とは。自己の名をもって他人のために物品の販売又は買入れをすることを業とする者をいう。

（問屋の権利義務）

第552条①　問屋は，他人のためにした販売又は買入れにより，相手方に対して，自ら権利を取得し，義務を負う。

②　問屋と委託者との間の関係については，この章に定めるもののほか，委任及び代理に関する規定を準用する。

用語解説

　自己の名をもって──自らが法律行為の当事者としてその権利義務の主体となること。

　他人のために──他人の計算で，つまりその取引の経済的な損益が自分以外の者（委託者）に帰属する方法で行われること。

§1　問屋

　商法にいう問屋（といや）は，自己の名をもって他人のために物品の販売または買入れをすることを業とする者をいいます。たとえば，証券取引所の会員たる証券会社や，商品取引所の商品取引員がこれにあたります。しかし，一般的には，小売商に対して卸売商のことを問屋（とんや）と呼ぶことがあります。この意味の問屋は，小売商と同様に法律上は普通の売買商であり，商法でいう問屋ではありません。

§2　問屋の受任者としての地位と売買当事者としての地位

　問屋は委託者のために売買をするものであるから，委託者に対して受任者の地位に立ち，問屋と委託者間には委任に関する規定が適用されます。そして問屋は，受任者として善良な管理者の注意をもって委託者のために物品の販売または買入れをし，かつ取得した代金または物品を委託者に引き渡す義務を負う（民法644条・646条）ほか，商法によって一定の義務が課せられています。

　他方，問屋は自己の名をもって行為をするため，第三者に対しては売買当事者の地位に立ちます。したがって，自ら売主または買主として第三者に対し権利を有し義務を負うことになります。

§3　問屋の破産と委託者の取戻権

　問屋は自己の名で第三者と取引を行うものですから，法律的形式からいえば，第三者との売買によって取得した権利は問屋に帰属することになります。しかし，経済的実質を考えてみると，その権利は委託者のために取得されたものです。

　このように問屋については法律的形式と経済的実質とが異なるために，買入委託に際し，問屋が第三者から物品を買い入れた後，その物を委託者に移転する前に破産してしまった場合，委託者がその権利について取戻権（破産者に属さない財産が破産債権者の共同の公平な満足の引当てにあてられるべく構成される破産財団に組み入れられたとき，その権利者がこれを破産財団から取り戻す権利・破産法62条）を行使できるかが問題となります。

　この点について判例は「問屋が委託の実行として売買をした場合に，右売買によりその相手方に対して権利を取得する者は問屋であって委託者ではない。しかし，その権利は委託者の計算において取得されたもので，これにつき実質的利益を有する者は委託者であり，かつ，問屋はその性質上自己の名においてではあるが他人のために物品の販売または買入れをなすを業とするものであることに鑑みれば，問屋の債権者は，問屋が委託の実行としてした売買により取得した権利についてまでも，自己の債権の一般的担保として期待すべきではな

いといわなければならない。されば，問屋が前記権利を取得した後これを委託者に移転しない間に破産した場合においては，委託者は右権利につき取戻権を行使しうる」と判示しています（最判昭43・7・11民集22・7・1462，百選70）。

（問屋の担保責任）
第553条　問屋は，委託者のためにした販売又は買入れにつき相手方がその債務を履行しないときに，自らその履行をする責任を負う。ただし，当事者の別段の意思表示又は別段の慣習があるときは，この限りでない。
（問屋が委託者の指定した金額との差額を負担する場合の販売又は買入れの効力）
第554条　問屋が委託者の指定した金額より低い価格で販売をし，又は高い価格で買入れをした場合において，自らその差額を負担するときは，その販売又は買入れは，委託者に対してその効力を生ずる。

---

§1　問屋の義務

　問屋は委託者に対して，善良な管理者の注意をもって，誠実かつ公正に，その業務を遂行する義務を負っています（商品取引員の義務について－最判平21・7・16民集63・6・1280，百選69）。この一般的な義務を基礎に特に商法が問屋に課している義務があります。

。履行担保義務──問屋が委託者のために行った販売や買入れ先の相手が契約上の債務を履行しないときは，問屋自身が委託者に対してその債務を履行する責任がある。委託者は問屋の知識・経験などを信頼して取引を任せたのであるが，その選んだ取引先が契約の義務を果たさない場合，委託者は直接の法律関係がないので相手方に履行を請求することができない。この場合に問屋の信用を確保し，

委託者の利益を守るために，問屋自らが相手方の債務である売買代金支払債務・物品引渡債務などを履行しなければならない。ただし，委託者が取引の相手を指定していた場合や問屋の手数料が廉価であるような場合にはこの義務負担はないとされる。

○指値遵守義務――問屋は，委託者が販売価格・買入価格について行った指定に従わなければならない。一定の価格より低い価格で販売しない，また一定の価格より高い価格で買入れをしないという指値（さしね）が委託者から示されている場合には，問屋にはこの指値を遵守すべき義務があり，もしこの義務に反して問屋が安値販売や高値買入れを行ったときは，委託者はその取引効果の自己への帰属を拒否できる。しかし，問屋自身が指値と売買価格との差額を負担するとした場合には，販売・買入の効果は委託者に帰属することになる。

○通知義務――問屋が委託者のために物品の販売や買入れを行ったときは，委託者からの請求（民法645条）がなくても，問屋は遅滞なく，売買の相手方・時期・内容などの取引事項を委託者に通知しなければならない（商法557条・27条）。

（介入権）

第555条①　問屋は，取引所の相場のある物品の販売又は買入れの委託を受けたときは，自ら買主又は売主となることができる。この場合において，売買の代価は，問屋が買主又は売主となったことの通知を発した時における取引所の相場によって定める。

②　前項の場合においても，問屋は，委託者に対して報酬を請求することができる。

---

§1 問屋の介入権

　問屋は委託者から物品の売買の委託を受けますが，売買の相手が見つからない場合，問屋自身が売主または買主となることが考えられます。しかし問屋は当該物品の売買に精通しているのが一般的であり，問屋に有利で委託者に不利な売買契約を締結する可能性もあることから，商法は当該物品に取引所の相場がある場合に限り，問屋自身が売主または買主となることを認めており（商法555条1項），これを問屋の介入権といいます。そして問屋が介入権を行使した場合，売買の成立という委託者の目的が達成されることから，問屋は委託者に対して報酬を請求することも認められます（商法555条2項）。

§2 呑み行為の禁止

　取引所での売買の委託を受けた取引業者がその注文の取次ぎをしないで，業者自身が相手方となって売買を成立させ，顧客には取引所での売買によるものとして手数料を受け取る行為は，特別法により禁止されています。商品先物取引法では，商品先物取引業者が商品市場または外国商品市場における取引の委託を受けたときは，その委託による商品市場での取引をしないで自己が相手方となって取引を成立させることが禁止されています（同法212条）。平成16年（2004年）の証券取引法改正前までは，金融商品取引業者（証券会社）の呑み行為は禁止されていました（平成16年改正前証券取引法129条）。現行の金融商品取引法では，顧客から有価証券等の注文を受けたときに金融商品取引業者は，自己がその相手方となって取引を成立させるかを明らかにしなければなりません（金融商品取引法37条の2）。

> **（問屋が買い入れた物品の供託及び競売）**
> **第556条**　問屋が買入れの委託を受けた場合において，委託者が買い入れた物品の受領を拒み，又はこれを受領することができないときは，第524条の規定を準用する。

（代理商に関する規定の準用）

第557条　第27条及び第31条の規定は，問屋について準用する。

（準問屋）

第558条　この章の規定は，自己の名をもって他人のために販売又は買入れ以外の行為をすることを業とする者について準用する。

用語解説

　販売又は買入れ以外の行為——出版・広告・宿泊などの取次ぎ行為。物品運送の取次ぎについては商法559条以下に運送取扱人の規定がある。

§1　問屋の権利

　問屋は商人であり，物品の販売・買入の営業行為について委託者に対する報酬請求権を有します（商法512条）。問屋が報酬を請求できるのは，委託された行為の履行後です（民法648条2項）。また委託された行為のために費やした費用や利息についても委託者に請求することができます（民法649条・650条，商法513条2項）。問屋には委託者に対する報酬請求権や費用償還請求権を担保するために留置権が認められています。これらの債権が弁済期にあるとき，その弁済を受けるまで問屋が委託者のために占有する物または有価証券を留置することができます（商法557条・31条）。

　問屋が買入委託より買い入れた物品を委託者が受け取らないときまたは受け取ることができないときは，商人間の売買と同じく，その物品を供託し，または競売してその代価を供託し，代価の全部または一部を金に充当することもできます（商法556条・524条）。委託者は商人とは限らないけれども，問屋に商人間売買の売主と同じ保護を与えています。

§2 問屋と為替手形の関係

手形法において学ぶ為替手形は，振出人が支払人に手形金の支払を委託する形式の証券であり，支払人が引受署名によりこの支払委託を引受けると，引受人として手形の最終的支払義務を負うものです(手形法28条1項)。では，なぜ支払の名宛人である者が，為替手形の振出人の依頼によりその手形金の支払いに応じるのでしょうか？この為替手形の振出人と支払人となる者との間に存在する特定の関係（資金関係）がどのようなものなのかについて，歴史は次のように述べています。

為替手形が使われる典型的な貿易取引の方法は，コミッション・システム（委託販売システム）といわれます。商品を輸出する業者は，輸出先にいるファクター（委託販売者）に商品の販売を委託します。ファクターは，自己の名をもって，他人の計算で（輸出業者の勘定で）委託された商品の販売を行います。その結果，商品の販売代金は，ファクターの手元に輸出業者の売上げとして蓄積されていきます。輸出業者は，この売上げを利用するために，ファクターを支払人とする為替手形を作成して振り出します。このようにある者が別の者に支払いを依頼するという為替手形の形式は，委託販売システムの業者とファクターとの関係に対応したものであり，委託販売システムと為替手形の利用は不可分の仕組みだったといわれています。ファクター（factor）は，「代理人，問屋，仲買人，代理商等」に訳されていますが，この場合，日本の商法の用語では問屋（といや）に当たります。

商人が自分に支払われるべき資金を，どうして別の地域に居る者の手元に持つようになったのか，そしてその資金を使う方法として為替手形の利用がどのように発達していったのか，商業実務の歴史的な関連性についての調査と分析は，現行の法制度に至る長い道程を分かりやすく私たちに示すものといえます（ジェイムズ・スティーブン・ロジャーズ『イギリスにおける商事法の発展—手形が紙幣となるまで—』弘文堂（平成23年1月刊）参照）。

第7章　運送取扱営業

（定義等）

第559条①　この章において「運送取扱人」とは，自己の名をもっ
て物品運送の取次ぎをすることを業とする者をいう。

②　運送取扱人については，この章に別段の定めがある場合を除
き，第551条に規定する問屋に関する規定を準用する。

（運送取扱人の責任）

第560条　運送取扱人は，運送品の受取から荷受人への引渡しま
での間にその運送品が滅失し若しくは損傷し，若しくはその滅
失若しくは損傷の原因が生じ，又は運送品が延着したときは，
これによって生じた損害を賠償する責任を負う。ただし，運送
取扱人がその運送品の受取，保管及び引渡し，運送人の選択そ
の他の運送の取次ぎについて注意を怠らなかったことを証明し
たときは，この限りでない。

（運送取扱人の報酬）

第561条①　運送取扱人は，運送品を運送人に引き渡したときは，
直ちにその報酬を請求することができる。

②　運送取扱契約で運送賃の額を定めたときは，運送取扱人は，
特約がなければ，別に報酬を請求することができない。

（運送取扱人の留置権）

第562条　運送取扱人は，運送品に関して受け取るべき報酬，付随
の費用及び運送賃その他の立替金についてのみ，その弁済を受
けるまで，その運送品を留置することができる。

（介入権）

第563条①　運送取扱人は，自ら運送をすることができる。この場合において，運送取扱人は，運送人と同一の権利義務を有する。

②　運送取扱人が委託者の請求によって船荷証券又は複合運送証券を作成したときは，自ら運送をするものとみなす。

（物品運送に関する規定の準用）

第564条　第572条，第577条，第579条（第３項を除く。），第581条，第585条，第586条，第587条（第577条及び第585条の規定の準用に係る部分に限る。）及び第588条の規定は，運送取扱営業について準用する。この場合において，第579条第２項中「前の運送人」とあるのは「前の運送取扱人又は運送人」と，第585条第１項中「運送品の引渡し」とあるのは「荷受人に対する運送品の引渡し」と読み替えるものとする。

第565条から第568条まで　削除

§1　運送取扱人

　運送取扱人とは，自己の名をもって委託者の計算において，運送人と物品運送契約を締結することの引受けを業とする者をいいます。たとえば，私たちが物品の運送を必要とする場合，物品の性質や量，運送の距離などに応じて適切な運送人を探さなければなりません。運送取扱人はこのような必要に応えるものであるわけです。運送取扱人は，取次商である点において問屋と共通していますが，取次ぎの目的が「物品の販売または買入れ」ではなく，物品の運送であるという点で，それとは区別されます。またたとえば私たちが旅行をしようとする場合，旅行の目的にかなった交通機関が必要となり，そのために旅行代理店などを利用することがありますが，旅行代理店は，物品の運送の取次ぎではなく，旅客運送の取次ぎを業とするものですから，ここにいう運送取扱人で

はなく，準問屋（商法558条）に該当します。

§2 「戸口から戸口へ」

商法上，運送取扱人は運送人と運送契約を締結するのみと狭く限定されていますが，運送を欲する荷主の需要に応じるためには，それにとどまらず，運送品の計量・荷造り・保管，運送人への引渡し，通関手続きなどに関する必要書類の準備・作成，保険契約の締結，運送が中継される場合の連絡，運送品の積替え，到達地における運送人からの運送品の受け取り，通関手続きなど，運送に付随する各種の業務を処理することが必要です。さらに「戸口から戸口へ（from door to door）」という運送の理想を実現するためには，発送地における委託者の戸口から運送人へ，または到達地における運送人から受取人の戸口への小運送の引受けのように，ある程度運送営業自体を兼業することが求められるわけで，実際には運送取扱人は運送に関する各種の営業や倉庫営業（運送品の寄託を引き受ける），準問屋営業（委託者のため自己の名で保険契約を行うなど）をも兼業していることが多いのです。

この商法の規定と運送取扱人の実際の業務とのギャップを埋めるために，運送取扱営業に関する商法の規定を類推適用するほか，運送・仲立・代理商などに関する諸規定および約款や商慣習による補充的解決をなさなければならないとされています。また平成14年（2002年）改正貨物運送取扱事業法（「貨物利用運送事業法」に変更）では，運送取扱事業（自己の名で貨物運送の取次や受け取りを行う，または他人の名で貨物運送の委託や受取を行う事業）の規制が廃止され，利用運送（運送事業者の行う運送を利用する貨物の運送）の事業を，航空・鉄道・船舶による輸送とその前後のトラックによる集配を一貫して行うところの第二種貨物利用運送事業と，それ以外の第一種貨物利用運送事業とに分けて規定しています（貨物利用運送事業法2条7項8項）。

そして平成30年（2018年）改正商法では，同改正前商法の規制をほぼ受け継いだうえで，従来運送取扱人に関する規定を物品運送人に準用していたものを（平成30年改正前商法589条），反対に物品運送人に関する規定を運送取扱人に準

用することとしています（商法564条）。

第8章　運送営業

第1節　総則

> **第569条**　この法律において，次の各号に掲げる用語の意義は，当
> 該各号に定めるところによる。
> 一　運送人　陸上運送，海上運送又は航空運送の引受けをするこ
> 　とを業とする者をいう。
> 二　陸上運送　陸上における物品又は旅客の運送をいう。
> 三　海上運送　第684条に規定する船舶（第747条に規定する非航
> 　海船を含む。）による物品又は旅客の運送をいう。
> 四　航空運送　航空法（昭和27年法律第231号）第2条第1項に
> 　規定する航空機による物品又は旅客の運送をいう。

§1　運送人

　運送とは，物や人をある場所から他の場所に移動させることをいいます。運送はその対象である物または人が場所的に移動する空間の違いにより，陸上運送・海上運送・航空運送の3つに分類されます。また運送の対象の違いにより，物品運送と旅客運送とに分類されます。

　運送人の定義について，平成30年（2018年）改正前商法569条では陸上運送について「陸上又ハ湖川，港湾ニ於テ物品又ハ旅客ノ運送ヲ為スヲ業トスル者ヲ謂フ」としていましたが，海上運送については運送人という用語が用いられておらず（平成30年改正前商法第3編第3章），航空運送については規定を欠いていました。これに対して平成30年（2018年）改正商法では「陸上運送，海上運送又は

航空運送の引受けをすることを業とする者をいう」として（商法569条１号），海上運送および航空運送にも運送人の概念を及ぼしています。また「運送の引受けをする」と定義することにより，利用運送人（荷送人との間で運送契約を締結したうえで，実際の運送を下請運送人に委託する者）も運送人に含まれることとなります。

§2　陸上運送・海上運送・航空運送

　平成30年（2018年）改正前商法569条では，湖川・港湾における運送を陸上運送としており，ここにいう湖川・港湾とは「平水区域」をいい，瀬戸内海の大部分の海域などを含んでいます（平成30年改正前商法施行法122条，明治32年逓信省令第20号，船舶安全法附則37条，船舶安全法施行規則１条６項）。これは，海上と比較して水面の状況が穏やかである湖川・港湾については海上運送と区別して規制しようとしたものですが，海上運送において課される堪航能力担保義務（平成30年改正前商法738条）が平水区域において航行する船舶には適用されないこととなり，相当ではありませんでした。

　これに対して平成30年（2018年）改正商法では陸上運送を「陸上における物品又は旅客の運送をいう」と，また海上運送を「第684条に規定する船舶（第747条に規定する非航海船を含む。）による物品又は旅客の運送をいう」とそれぞれ定義し（商法569条２号３号），そして非航海船を「商行為をする目的で専ら湖川，港湾その他の海以外の水域において航行の用に供する船舶」と定義することにより（商法747条），平水区域において航行する船舶による運送も海上運送としています。なおここにいう非航海船には，端舟その他ろかいのみをもって運転し，または主としてろかいをもって運転する船（ボートや筏など）は含まれません。

　そして平成30年（2018年）改正商法では航空運送を「航空法第２条第１項に規定する航空機による物品または旅客の運送をいう」と定義し（商法569条４号），ここにいう航空機とは「人が乗って航空の用に供することができる飛行機，回転翼航空機，滑空機，飛行船その他政令で定める機器をいう」をいいます（航空法２条１項）。したがってドローンなどの無人航空機による運送は航空運送には該当しません。

第2節　物品運送

（物品運送契約）

第570条　物品運送契約は，運送人が荷送人からある物品を受け取りこれを運送して荷受人に引き渡すことを約し，荷送人がその結果に対してその運送賃を支払うことを約することによって，その効力を生ずる。

（送り状の交付義務等）

第571条①　荷送人は，運送人の請求により，次に掲げる事項を記載した書面（次項において「送り状」という。）を交付しなければならない。

　一　運送品の種類

　二　運送品の容積若しくは重量又は包若しくは個品の数及び運送品の記号

　三　荷造りの種類

　四　荷送人及び荷受人の氏名又は名称

　五　発送地及び到達地

②　前項の荷送人は，送り状の交付に代えて，法務省令で定めるところにより，運送人の承諾を得て，送り状に記載すべき事項を電磁的方法（電子情報処理組織を使用する方法その他の情報通信の技術を利用する方法であって法務省令で定めるものをいう。以下同じ。）により提供することができる。この場合において，当該荷送人は，送り状を交付したものとみなす。

§1　物品運送契約

物品運送契約とは，運送人が荷送人からある物品を受け取りこれを運送して

荷受人に引き渡すことを約し，荷送人がその結果に対してその運送賃を支払うことを約することによって，その効力を生ずるものであり（商法570条），その法的性質は請負（民法632条）です。契約の当事者は物品運送を委託する荷送人とそれを引き受ける運送人であり，運送品を受け取る荷受人は契約の当事者ではありません。しかし荷受人は運送が行われる段階に応じて荷送人が有する権利義務を取得することになります（第581条の解説（184頁）を参照）。

§2　送り状

　平成30年（2018年）改正前商法では，荷送人は運送人の請求により，①運送品の種類，重量または容積および荷造りの種類，個数ならびに記号，②到達地，③荷受人の氏名または商号，④運送状の作成地および作成の年月日を記載した運送状を，荷送人が署名のうえ交付しなければなりませんでした（平成30年改正前商法570条1項2項）。これに対して平成30年（2018年）改正商法では運送状を送り状に変更したうえで，荷送人の氏名・名称と発送地の記載を追加する一方（商法571条1項4号5号），作成地および作成の年月日の記載を削除しています。また荷送人は送り状の交付に代えて，運送人の承諾を得て送り状に記載すべき事項を電磁的方法により提供することができますが（商法571条2項），電磁的方法による場合にも荷送人の署名を要求することは利便性を損なうこととなるため，平成30年改正商法では送り状における荷送人の署名を不要としています。

§3　貨物引換証（かぶつ）

　平成30年（2018年）改正前商法では，運送人に対する運送品引渡請求権を表彰する有価証券である貨物引換証に関する規制がありました（平成30年改正前商法571条～575条）。この貨物引換証は運送人が荷送人の請求により交付しなければならないものであり，運送中に運送先に変更が生じた場合に利用されていました。なお荷為替（にがわせ）とは，買主から売買代金を回収するために為替手形と貨物引換証（海上運送の場合は船荷証券（ふなに））を結合して流通させるもので，為替手形の振出人を売主，受取人を売主の取引銀行，支払人を買主としたうえで，買主は手

形金の支払いと引換えに貨物引換証の交付を受け，売買目的物である運送品を受領するというものです。しかし実務においては貨物引換証が利用されていなかったことから，平成30年（2018年）改正商法では貨物引換証に関する規定が削除されました。

（危険物に関する通知義務）

第572条　荷送人は，運送品が引火性，爆発性その他の危険性を有するものであるときは，その引渡しの前に，運送人に対し，その旨及び当該運送品の品名，性質その他の当該運送品の安全な運送に必要な情報を通知しなければならない。

---

§1　危険物の意義

　平成30年改正前商法では，運送品が危険物である場合における荷送人の通知義務に関する規定はなく，従来は信義則（信義誠実の原則，民法1条2項）上の義務と解されていました。また平成30年（2018年）改正前国際海上物品運送法では，引火性，爆発性その他の危険性を有する運送品の処分に関する規定はありましたが（平成30年改正前国際海上物品運送法11条），荷送人の通知義務に関する規定はありませんでした。これに対して平成30年（2018年）改正商法では，運送品が引火性，爆発性その他の危険性を有するものであるときは，その引渡しの前に，荷送人が運送人に対し危険物の安全な運送に必要な情報を通知しなければならないとしています（商法572条）。ここにいう「引火性，爆発性その他の危険性を有するもの」とは，ガソリン，灯油，火薬類，高圧ガスなどの物理的に危険な物品が該当しますが，その他の危険物がこれに該当するかは解釈に委ねられています。なお商法572条は平成30年（2018年）改正国際海上物品運送法15条により，国際海上物品運送においても適用されます。

§2　通知義務に違反した場合

　危険物に関する通知義務に違反した荷送人の損害賠償責任について，平成30年（2018年）改正商法では無過失責任を定める特段の規定を設けず，過失責任を定めた民法の債務不履行責任に関する民法415条が適用されます。これは，封印されたコンテナの運送を下請運送人に委託する場合や一般消費者が荷送人になる場合など，危険物の荷送人が危険物に関する認識・知識を持たない場合があり，その場合に無過失責任を負わせることが酷であると考えられるからです。したがって荷送人は，自己の責めに帰することができない事由によるものであることを主張立証したときは，その責任を負わないことになります（民法415条1項但書）。

（運送賃）

第573条①　運送賃は，到達地における運送品の引渡しと同時に，支払わなければならない。

②　運送品がその性質又は瑕疵によって滅失し，又は損傷したときは，荷送人は，運送賃の支払を拒むことができない。

---

§1　運送賃

　前述のように，物品運送契約の法的性質は請負ですが（民法632条），請負契約における報酬の支払いは仕事の目的物の引渡しと同時になされなければならないのが原則です（民法633条）。平成30年（2018年）改正前商法ではその旨が規定されていませんでしたが，平成30年（2018年）改正商法では，運送賃の支払いが到達地における運送品の引渡しと同時になされなければならないとして（商法573条1項），民法と同様の規定がなされています。また運送人は商人として報酬請求権を有しているため（商法512条），仮に運送品が滅失または損傷したとしても，それが運送品の性質または瑕疵による場合には運送賃を請求することができます（商法573条2項）。なお平成29年（2017年）改正前商法では，運送品

が不可抗力によって滅失または損傷したときは運送人が運送賃を請求することができず，運送人が運送賃をすでに受け取っていたときはこれを返還しなければならないとされていましたが（平成29年改正前商法576条1項），平成29年（2017年）改正商法では当該規定が削除されています。

（運送人の留置権）

第574条　運送人は，運送品に関して受け取るべき運送賃，付随の費用及び立替金（以下この節において「運送賃等」という。）についてのみ，その弁済を受けるまで，その運送品を留置することができる。

---

§1　運送人の留置権

　平成30年（2018年）改正前商法では，運送人の留置権について定める規定はなく，運送取扱人の留置権について定める商法562条を準用していました（平成30年改正前商法589条）。これに対して平成30年（2018年）改正商法では運送人の留置権について定める規定を置くとともに，留置権の対象となるものについて「運送賃，付随の費用及び立替金」と定め，運送取扱人の留置権の対象である「報酬」を運送人の留置権の対象から排除しています。そもそもここにいう「報酬」は運送取扱人に対して支払われるものであり，運送人に対して支払われる報酬は「運送賃」であることから，運送取扱人に対する報酬を運送人の留置権の対象としないことを明らかにしたものです。＊92頁表参照。

（運送人の責任）

第575条　運送人は，運送品の受取から引渡しまでの間にその運送品が滅失し若しくは損傷し，若しくはその滅失若しくは損傷の原因が生じ，又は運送品が延着したときは，これによって生

　　　じた損害を賠償する責任を負う。ただし，運送人がその運送品
　　　の受取，運送，保管及び引渡しについて注意を怠らなかったこ
　　　とを証明したときは，この限りでない。

§1　運送人の損害賠償責任

　ローマ法においては，運送人は荷送人から受け取った運送品について，いやしくもレセプツム（受領）という事実が証明された場合には，その受け取った物を返還する義務があり，そのものが滅失・毀損したときは，そのことについて自己に故意・過失がなかったことを立証しても損害賠償責任を負わされていたのであり，このような責任のことをレセプツム責任といいます（客の荷物に対する旅館の主人の責任もこれに含まれていました，商法596条1項参照）。

　しかし，わが商法は運送人の責任につき過失責任主義を採っています。この点について平成30年（2018年）改正前商法では，①運送人は履行補助者に過失があれば，自己に過失がなくても責任を負うことと，②運送人は自己及び履行補助者の無過失を立証しなければ責任を免れないということを定めていました（平成30年改正前商法577条）。しかしながら民法の債務不履行責任に関する民法415条にいう「債務者の責めに帰する」事由には履行補助者の故意過失を含むと解するのが一般的であることから，平成30年（2018年）改正商法では履行補助者に関する文言が削除されています（商法575条）。なおその他の変更点としては，①運送人の責任の範囲を「運送品の受取から引渡しまでの間」に生じた損害としたことと，②運送品の滅失・損傷・延着だけでなく「滅失・損傷の原因」が生じた場合にも運送人の責任があることが挙げられます。

（損害賠償の額）

　第576条①　運送品の滅失又は損傷の場合における損害賠償の額
　　　は，その引渡しがされるべき地及び時における運送品の市場価

格（取引所の相場がある物品については，その相場）によって
定める。ただし，市場価格がないときは，その地及び時におけ
る同種類で同一の品質の物品の正常な価格によって定める。
② 運送品の滅失又は損傷のために支払うことを要しなくなった
運送賃その他の費用は，前項の損害賠償の額から控除する。
③ 前2項の規定は，運送人の故意又は重大な過失によって運送
品の滅失又は損傷が生じたときは，適用しない。

§1 損害賠償の額

平成30年（2018年）改正前商法では，運送人が負う損害賠償の額について，
①運送品が全部滅失した場合はその引渡しがあるべきであった日における到達
地の価格を，②運送品の一部滅失・毀損した場合はその引渡しがあった日（一
部滅失・毀損しながら延着した場合は引渡しがあるべきであった日）における到達地の
価格を，それぞれを算定する基準としていました（平成30年改正前商法580条1項
2項）。これに対して平成30年（2018年）改正商法では，運送品の全部滅失・一
部滅失・損傷いずれの場合においても，その引渡しがされるべき地および時に
おける市場価格（取引所の相場がある物品についてはその相場）を，損害賠償の額
を算定する基準としています（商法576条1項）。

このように運送人が負う損害賠償の額は定額化されていますが，これは大量
の運送品を低廉な運送賃で迅速に運送しなければならない運送人を保護するた
めの措置です。したがって運送人の故意または重大な過失によって運送品に滅
失・損傷が生じた場合は商法576条1項が適用されず，民法の債務不履行に関す
る民法416条が適用されます。なお運送品が延着した場合について商法では規
定がないため，こちらも民法416条が適用されますが，逸失利益（延着していな
ければ転売により得られたであろう利益）などにより損害賠償の額が多額になる場
合もあるため，通常は約款により限度額が設けられています（標準貨物自動車運
送約款47条5項「貨物が延着した場合の損害賠償の額は，運賃，料金等の総額を限度と

179

します」)。

（高価品の特則）

第577条①　貨幣，有価証券その他の高価品については，荷送人が
　　運送を委託するに当たりその種類及び価額を通知した場合を除
　　き，運送人は，その滅失，損傷又は延着について損害賠償の責
　　任を負わない。

②　前項の規定は，次に掲げる場合には，適用しない。

　　一　物品運送契約の締結の当時，運送品が高価品であることを
　　　運送人が知っていたとき。

　　二　運送人の故意又は重大な過失によって高価品の滅失，損傷
　　　又は延着が生じたとき。

---

§1　高価品

　高価品とは，容積または重量の割りに著しく高価な物品をいい（最判昭和45・
4・21判時593・87，百選75)，貨幣・有価証券・宝石・貴金属・美術品などがこ
れに該当します。高価品は滅失などによって生じる損害が高額になるため，運
送品が高価品であることを運送人が知ったならば，運送賃の割増しや損害保険
の締結などの措置を講ずるなど，通常の運送品より高度の注意を払うことにな
ります。ところが運送品が高価品であることを運送人が知らずに運送した結果，
高価品に滅失などが生じた場合，運送人が高額な損害賠償を負うこととなりま
す。そこで運送人を保護するため，荷送人が運送を委託するにあたりその種
類・価額を通知した場合を除き，運送人はその滅失・損傷・延着について損害
賠償の責任を負わないとしています（商法577条1項）。

　これに対して物品運送契約の締結の当時，運送品が高価品であることを運送
人が知っていた場合，または運送人の故意または重大な過失によって高価品の
滅失・損傷・延着が生じた場合は，商法577条1項が適用されません（商法577条

２項１号２号）。なお運送人の過失によって高価品の滅失・損傷・延着が生じた場合に，運送人が通常の運送品についての損害賠償責任を負うかが問題となりますが，一般的に通常の運送品としての価格を算定することが困難であるため，結果的に運送人は一切損害賠償責任を負わないと解されています。さらにこの高価品の特則により運送人の債務不履行責任を追及できない場合に，所有権侵害に基づく一般不法行為責任（民法709条）を追及できるかが問題となりますが，これについて平成30年（2018年）改正商法では新たな条文を設けています（第587条・第588条の解説を参照）。

（複合運送人の責任）

第578条①　陸上運送，海上運送又は航空運送のうち二以上の運送を一の契約で引き受けた場合における運送品の滅失等（運送品の滅失，損傷又は延着をいう。以下この節において同じ。）についての運送人の損害賠償の責任は，それぞれの運送においてその運送品の滅失等の原因が生じた場合に当該運送ごとに適用されることとなる我が国の法令又は我が国が締結した条約の規定に従う。

②　前項の規定は，陸上運送であってその区間ごとに異なる二以上の法令が適用されるものを一の契約で引き受けた場合について準用する。

（相次運送人の権利義務）

第579条①　数人の運送人が相次いで陸上運送をするときは，後の運送人は，前の運送人に代わってその権利を行使する義務を負う。

②　前項の場合において，後の運送人が前の運送人に弁済をしたときは，後の運送人は，前の運送人の権利を取得する。

③　ある運送人が引き受けた陸上運送についてその荷送人のため

　　に他の運送人が相次いで当該陸上運送の一部を引き受けたとき
　　は，各運送人は，運送品の滅失等につき連帯して損害賠償の責
　　任を負う。
④　前3項の規定は，海上運送及び航空運送について準用する。

§1　複合運送

　複合運送とは，複数の運送手段による運送を1つの契約に基づいて引き受け
るものをいい，平成30年（2018年）改正前商法では複合運送について定める規
定はありませんでした。これに対して平成30年（2018年）改正商法では，陸上
運送・海上運送・航空運送の意義を明確にしたうえで（商法569条），これらの運
送手段による複合運送における運送品の滅失・損傷・延着による運送人の損害
賠償責任について，当該運送ごとに適用されることとなるわが国の法令または
わが国が締結した条約の規定に従うとしています（商法578条1項）。また陸上運
送であってその区間ごとに異なる法令が適用されるものを1つの契約で引き受
けた場合にも，当該法令が適用されます（商法578条1項）。例えば鉄道運送区間
と貨物自動車運送区間が含まれる場合，鉄道運送区間については鉄道運輸規程
（昭和17年鉄道省令第3号）が適用されます。

§2　相次運送

　相次運送とは，同一の運送品を数人の運送人が相次いで運送をすることをい
い，①数人の運送人がそれぞれの区間ごとに荷送人と別個の運送契約を締結す
る「部分運送」，②1人の運送人（元請運送人）が全区間にわたって荷送人の運
送契約を締結し，それぞれの区間の運送を他の運送人（下請運送人）に委託する
「下請運送」，③数人の運送人が共同して全区間にわたって荷送人と運送契約
を締結し，運送人間で内部的に担当区間を定める「同一運送」，④数人の運送
人が1通の「通し運送状」によって順次各特定区間の運送を引き受ける「連帯
運送」といったものがあります。平成30年（2018年）改正前商法では相次運送

について，運送品の減失・毀損・延着について各運送人が連帯して損害賠償責任を負う旨の規定がありました（平成30年改正前商法579条）。

これに対して平成30年（2018年）改正商法では，相次陸上運送において後の運送人が前の運送人に代わってその権利を行使する義務を負うものとし（商法579条1項），その場合において後の運送人が前の運送人に弁済をしたときは，後の運送人は前の運送人の権利を取得するとしています（商法579条2項）。また平成30年（2018年）改正前商法579条の規制は若干表現を変更したうえで平成30年（2018年）改正商法にも受け継がれています（商法579条3項）。なおこれらの規定は海上運送および航空運送にも準用されます（商法579条4項）。

（荷送人による運送の中止等の請求）

第580条　荷送人は，運送人に対し，運送の中止，荷受人の変更その他の処分を請求することができる。この場合において，運送人は，既にした運送の割合に応じた運送賃，付随の費用，立替金及びその処分によって生じた費用の弁済を請求することができる。

（荷受人の権利義務等）

第581条①　荷受人は，運送品が到達地に到着し，又は運送品の全部が減失したときは，物品運送契約によって生じた荷送人の権利と同一の権利を取得する。

②　前項の場合において，荷受人が運送品の引渡し又はその損害賠償の請求をしたときは，荷送人は，その権利を行使することができない。

③　荷受人は，運送品を受け取ったときは，運送人に対し，運送賃等を支払う義務を負う。

---

§1　荷送人の処分権

　物品運送契約の当事者である荷送人は，運送人に運送を委託した後において，運送の中止・荷受人の変更その他の処分を請求することができ（商法580条前段），これを荷送人の処分権といいます。荷送人が処分権を行使した場合，運送人はこれに応じなければなりませんが，運送人は既にした運送の割合に応じた運送賃その他の費用の弁済を荷送人に対して請求することができます（商法580条後段）。なお平成30年（2018年）改正前商法では，運送品が到達地に到着した後に荷受人が引渡しを請求したときは荷送人の処分権が「消滅する」としていましたが（平成30年改正前商法582条 2 項），平成30年（2018年）改正商法では荷送人の処分権を「行使することができない」としています（商法581条 2 項）。なお表現が改められた理由については§2で述べます。

§2　荷受人の法的地位

　物品運送においては，物品運送を委託する荷送人，物品運送を行う運送人，物品を受け取る荷受人が存在するのが一般的ですが（旅行のお土産を自宅に送る場合など，荷送人が荷受人を兼ねる場合もあります），荷送人や運送人とは異なり，荷受人は物品運送契約の当事者ではありません。しかしながら荷受人は運送が行われる段階に応じて荷送人が有する権利義務を取得することになります。すなわち，①運送品が到達地に到着する前は荷受人がまだ権利義務を有しませんが，②運送品が到達地に到着した後は荷受人が荷送人の権利を取得し（商法581条 1 項），ただこの段階では荷送人の権利が荷受人の権利に優先します。そして③荷受人が運送品の引渡しを請求したときは荷受人の権利が荷送人の権利に優先し（商法581条 2 項），④荷受人が運送品を受け取ったときは荷受人が運送賃その他の費用を支払う義務を負います（商法581条 3 項）。

　なお③の根拠規定について，平成30年（2018年）改正前商法では荷送人の処分権が「消滅する」としていましたが（平成30年改正前商法582条 2 項），荷受人の受取拒絶・受取不能の場合は荷送人の指図が求められることがあるため（商法

583条・582条2項)，平成30年改正商法では荷送人の処分権を「行使することができない」として（商法581条2項)，荷送人の権利が荷受人の権利に劣後することを明らかにしています。また平成30年（2018年）改正前商法では，運送品が全部滅失した場合でも荷受人は荷送人の権利を取得することができず，運送人に対する損害賠償請求権を荷送人から譲り受けたうえで行使する必要がありました。しかしながら一般的な国際売買契約では運送品の滅失についての危険を荷送人（売主）ではなく荷受人（買主）が負担することが多いことから，平成30年（2018年）改正商法では運送品が全部滅失した場合にも荷受人は荷送人の権利を取得することができるとして（商法581条1項2項)，荷受人の保護を図っています。

（運送品の供託及び競売）

第582条① 運送人は，荷受人を確知することができないときは，運送品を供託することができる。

② 前項に規定する場合において，運送人が荷送人に対し相当の期間を定めて運送品の処分につき指図をすべき旨を催告したにもかかわらず，荷送人がその指図をしないときは，運送人は，その運送品を競売に付することができる。

③ 損傷その他の事由による価格の低落のおそれがある運送品は，前項の催告をしないで競売に付することができる。

④ 前2項の規定により運送品を競売に付したときは，運送人は，その代価を供託しなければならない。ただし，その代価の全部又は一部を運送賃等に充当することを妨げない。

⑤ 運送人は，第1項から第3項までの規定により運送品を供託し，又は競売に付したときは，遅滞なく，荷送人に対してその旨の通知を発しなければならない。

第583条 前条の規定は，荷受人が運送品の受取を拒み，又はこれ

を受け取ることができない場合について準用する。この場合において，同条第2項中「運送人が」とあるのは「運送人が，荷受人に対し相当の期間を定めて運送品の受取を催告し，かつ，その期間の経過後に」と，同条第5項中「荷送人」とあるのは「荷送人及び荷受人」と読み替えるものとする。

§1　運送人の供託・競売権（荷受人が不明の場合）

　荷送人を確知することができない（不明である）場合，運送人は運送品を供託することができ（商法582条1項），この場合に①荷送人に対し相当の期間を定めて運送品の処分について指図すべき旨を催告したにもかかわらず，荷送人が指図をしないとき，または②損傷その他の事由による価格の低落のおそれがある運送品は①の催告をしないで，運送人は運送品を競売に付することができます（商法582条2項3項）。そして運送品を競売に付したときは運送人はその代価を供託しなければなりませんが，その代価の全部または一部を運送賃などに充当することができます（商法582条4項）。商事売買における売主の自助売却権（商法524条）と同趣旨の制度ですが，売主の自助売却権が買主の受取拒絶・受取不能の場合に認められているのに対して，運送人の供託・競売権は荷受人の受取拒絶・受取不能の場合（商法583条）のみならず荷受人が不明の場合にも認められています。なお運送品の供託・競売をした場合は遅滞なく，運送人は荷送人に対してその旨の通知を発しなければなりません（商法582条5項）。

§2　運送人の供託・競売権（荷受人の受取拒絶・受取不能の場合）

　荷受人が運送品の受取を拒み，または受け取ることができない場合にも，運送人の供託・競売権が認められています。この場合には荷送人への催告の前にまず荷受人に対し相当の期間を定めて運送品の受取を催告する必要があり（当該期間経過後に荷送人に催告する），また運送品の供託・競売をした旨の通知は荷送人だけでなく荷受人にも発しなければなりません（商法583条後段）。

（運送人の責任の消滅）

第584条①　運送品の損傷又は一部滅失についての運送人の責任は，荷受人が異議をとどめないで運送品を受け取ったときは，消滅する。ただし，運送品に直ちに発見することができない損傷又は一部滅失があった場合において，荷受人が引渡しの日から２週間以内に運送人に対してその旨の通知を発したときは，この限りでない。

②　前項の規定は，運送品の引渡しの当時，運送人がその運送品に損傷又は一部滅失があることを知っていたときは，適用しない。

③　運送人が更に第三者に対して運送を委託した場合において，荷受人が第１項ただし書の期間内に運送人に対して同項ただし書の通知を発したときは，運送人に対する第三者の責任に係る同項ただし書の期間は，運送人が当該通知を受けた日から２週間を経過する日まで延長されたものとみなす。

第585条①　運送品の滅失等についての運送人の責任は，運送品の引渡しがされた日（運送品の全部滅失の場合にあっては，その引渡しがされるべき日）から１年以内に裁判上の請求がされないときは，消滅する。

②　前項の期間は，運送品の滅失等による損害が発生した後に限り，合意により，延長することができる。

③　運送人が更に第三者に対して運送を委託した場合において，運送人が第１項の期間内に損害を賠償し又は裁判上の請求をされたときは，運送人に対する第三者の責任に係る同項の期間は，運送人が損害を賠償し又は裁判上の請求をされた日から３箇月を経過する日まで延長されたものとみなす。

（運送人の債権の消滅時効）

第586条　運送人の荷送人又は荷受人に対する債権は，これを行使することができる時から1年間行使しないときは，時効によって消滅する。

§1　運送人の責任の特別消滅事由・短期消滅時効

　運送人は大量の運送品を反復して運送するため，もし運送品について損害が発生した場合にはその証拠を保全することが困難となる場合が少なくありません。そこで①運送品の損傷・一部滅失についての運送人の責任については，荷受人が異議をとどめないで運送品を受け取ったときは原則として消滅し（商法584条1項本文），また②運送品の引渡しがされた日（全部滅失の場合は引渡しがされるべき日）から1年以内（損害発生後に合意により延長可能）に裁判上の請求がされないときは，時効により消滅するとして（商法585条1項2項），運送人の保護を図っています。なお運送品に直ちに発見することができない損傷・一部滅失があった場合に，荷受人が引渡しの日から2週間以内に運送人に対してその旨の通知を発したときは運送人の責任は消滅せず（商法584条1項但書），また運送人が運送品の引渡し当時に損傷・一部滅失があることを知っていたときにも責任は消滅しません（商法584条2項）。なお平成30年（2018年）改正前商法では①について，運送人の責任は荷受人が留保しないで運送品を受け取り，かつ運送賃その他の費用を支払ったときに消滅するとしていましたが（平成30年改正前商法588条1項本文），当事者の合意により後払いとされている場合はいつまでも運送人の責任が消滅しないこととなるため，平成30年（2018年）改正商法では運送賃などの支払いを責任消滅の要件から削除しました。

§2　下請運送の場合の規制

　平成30年改正商法では，下請運送の場合における規制が追加されました。すなわち，運送人（元請運送人）がさらに第三者（下請運送人）に対して運送を委

託した場合において，①荷受人が引渡しの日から２週間以内に運送人に対して損傷・一部滅失の通知を発したときは，運送人が当該通知を受けた日から２週間を経過する日までに第三者に対して通知すれば，運送人に対する第三者の責任は消滅せず（商法584条３項），また②運送品の引渡しがされた日（全部滅失の場合は引渡しがされるべき日）から１年以内（損害発生後に合意により延長可能）に運送人が損害を賠償しまたは裁判上の請求をされたときは，損害を賠償しまたは裁判上の請求をされた日から３ヶ月を経過する日までは，運送人に対する第三者の責任は消滅しません（商法585条３項）。

§３　運送人の債権の消滅時効

　運送人の荷送人または荷受人に対する債権は，行使することができるときから１年間行使しないときは，時効により消滅します（商法586条）。平成30年（2018年）改正前商法では，運送取扱人の委託者・荷受人に対する債権の消滅時効についての規定が準用されていましたが（平成30年改正前商法589条・567条），平成30年（2018年）改正商法では運送人の債権の消滅時効についての規定を運送取扱人に関する規定で準用しています（商法564条）。

（運送人の不法行為責任）

第587条　第576条，第577条，第584条及び第585条の規定は，運送品の滅失等についての運送人の荷送人又は荷受人に対する不法行為による損害賠償の責任について準用する。ただし，荷受人があらかじめ荷送人の委託による運送を拒んでいたにもかかわらず荷送人から運送を引き受けた運送人の荷受人に対する責任については，この限りでない。

（運送人の被用者の不法行為責任）

第588条①　前条の規定により運送品の滅失等についての運送人の損害賠償の責任が免除され，又は軽減される場合には，その

　責任が免除され，又は軽減される限度において，その運送品の
　減失等についての運送人の被用者の荷送人又は荷受人に対する
　不法行為による損害賠償の責任も，免除され，又は軽減される。
② 　前項の規定は，運送人の被用者の故意又は重大な過失によっ
　て運送品の減失等が生じたときは，適用しない。

§1　債務不履行責任と不法行為責任との関係

　前に述べた運送人の責任は，いずれも債務不履行による損害賠償責任ですが，
例えば運送品を過失で減失してしまった場合のように，それは同時に荷送人の
所有権侵害により民法709条の不法行為の成立要件を備えることが多いでしょ
う。しかしながらそこで荷送人が不法行為責任を追及することができるとする
ならば，せっかく運送人の事業の性質を考慮して運送人の責任を軽減する規定
（商法576条・577条・584条・585条）をしたにもかかわらず，これらの規定がすべ
て回避されてしまうことになります。

　この点について従来の判例は，いわゆる請求権競合（債務不履行責任と不法行為
責任の両者を問いうるという考え方）の立場をとり，不法行為責任の追及を肯定す
る考えを採っていました（最判昭38・11・5民集17・11・1510）。ところが最高裁
判所は，標準宅配便約款における責任制限条項が問題となった事例において，
「責任限度額の定めは，運送人の荷送人に対する債務不履行に基づく責任につ
いてだけでなく，荷送人に対する不法行為に基づく責任についても適用される
ものと解するのが当事者の合理的な意思に合致するというべきである」として
（最判平10・4・30判時1646・162，百選77），不法行為責任を追及する場合であっ
てもそれは債務不履行責任で追及できる範囲内であるとしています。そこで平
成30年改正商法では，前述の運送人の責任を軽減する規定（商法576条・577条・
584条・585条）を，運送人の不法行為責任についても準用するとして（商法587条
本文），最高裁判所の考えを踏襲しています。

§2　荷受人による不法行為責任の追及の可否

　§1で述べたように，平成30年（2018年）改正商法では運送人の不法行為責任の追及の範囲を債務不履行責任の範囲と同程度としていますが，この規制を物品運送契約の当事者ではない荷受人に及ぼしてよいかが問題となります。この点について最高裁判所は「荷受人は，少なくとも宅配便によって荷物が運送されることを容認していたなどの事情が存するときは，信義則上，責任限度額を超えて運送人に対して損害の賠償を求めることは許されないと解するのが相当である」として（前掲最判平10・4・30），荷受人による不法行為責任の追及の範囲も原則として債務不履行責任の範囲と同程度であるとしています。しかしながら黙示の「容認」をした場合にも同様に解することは荷受人の不利益となることから，平成30年（2018年）改正商法では，荷受人があらかじめ荷送人の委託による運送を拒んでいた場合については当該規制を除外するとして（商法587条但書），荷受人の保護を図っています。

§3　運送人の被用者の不法行為責任

　運送人の損害賠償責任がその被用者によって生じた場合，荷送人または荷受人は，運送人に対する損害賠償責任とは別に，被用者に対する不法行為に基づく損害賠償責任を追及することが考えられます。その場合に被用者に対する損害賠償責任の追及を無制限に認めることとなると，被用者から求償された運送人の責任も無制限となり，商法587条が回避されてしまうことになります。そこで平成30年改正商法では，被用者の故意または重大な過失がある場合を除き，運送人の損害賠償責任の軽減の限度において，被用者の不法行為責任も軽減されるとしています（商法588条1項2項）。

第3節　旅客運送

> （旅客運送契約）
> **第589条**　旅客運送契約は，運送人が旅客を運送することを約し，相手方がその結果に対してその運送賃を支払うことを約することによって，その効力を生ずる。

§1　旅客運送契約

　旅客運送契約とは，旅客運送人が旅客を運送することを約し，相手方がその結果に対してその運送賃を支払うことを約することによって，その効力を生ずるものであり（商法589条），その法的性質は物品運送契約と同様に請負（民法632条）です。契約の当事者である「相手方」は通常は旅客自身ですが，親が子の運送を委託する場合など旅客以外の第三者が契約の当事者となる場合もあります。

§2　乗車券

　旅客運送契約の締結に際しては，乗車券が発行される場合がありますが，乗車券の発行は旅客運送契約の成立要件ではありません。すなわち，乗車前に乗車券を購入する場合は購入したときに旅客運送契約が成立しますが，無人駅で乗車するなど乗車後に乗車券を購入する場合は乗車したときに旅客運送契約が成立します。

　乗車券の法的性質については，その種類によって解釈が分かれています。①普通乗車券（切符）については，運送債権を表章する有価証券である（自由に譲渡することができ，譲渡により運送債権が譲受人に移転する）と解するのが一般的ですが，入鋏後（改札通過後）の乗車券や乗車後に購入した乗車券は，乗車したことを証明する単なる証拠証券に過ぎないと解するのが一般的です。②回数券に

ついては，乗車区間や有効期限の記載がない回数券を「乗車賃ニ代用セラルル一種ノ票券ナリト解スルヲ相当トス」として，金銭代用証券と解する判例がありますが（大判大6・2・3民録23・35），乗車区間や有効期限の記載がある回数券については，包括的な旅客運送契約に基づく運送債権を表章する有価証券であると解するのが一般的です。③定期券については，記名式であることや譲渡性がないことから，包括的な旅客運送契約の成立を証明する証拠証券であると解するのが一般的です。④ICカード（SuicaやPASMOなど）については，カードを購入したりチャージした段階で包括的な旅客運送契約が締結されたと解する見解もありますが，乗車区間や有効期限が定まっていない（改札通過時には運賃が確定していない）ことを考慮すると，前掲大判大6・2・3の見解を援用して金銭代用証券と解するのが妥当と思われます。

（運送人の責任）

第590条　運送人は，旅客が運送のために受けた損害を賠償する責任を負う。ただし，運送人が運送に関し注意を怠らなかったことを証明したときは，この限りでない。

（特約禁止）

第591条①　旅客の生命又は身体の侵害による運送人の損害賠償の責任（運送の遅延を主たる原因とするものを除く。）を免除し，又は軽減する特約は，無効とする。

②　前項の規定は，次に掲げる場合には，適用しない。

　一　大規模な火災，震災その他の災害が発生し，又は発生するおそれがある場合において運送を行うとき。

　二　運送に伴い通常生ずる振動その他の事情により生命又は身体に重大な危険が及ぶおそれがある者の運送を行うとき。

§１　旅客運送人の責任

　旅客運送人は，運送に関し注意を怠らなかったことを証明しない限り，旅客が運送のために受けた損害を賠償する責任を負います（商法590条）。ここにいう損害とは積極的損害・財産的損害だけでなく消極的損害（逸失利益）・精神的損害をも含み，具体的には生命身体上の損害のみならず衣服の損害や延着による損害がこれに該当します。この点で損害賠償額が定型化されている物品運送人の責任より負担が大きいといえます。なお平成30年（2018年）改正前商法では，損害賠償額の決定について裁判所が被害者およびその家族の情況を斟酌しなければならない旨の規定がありましたが（平成30年改正前商法590条２項），債務不履行における損害賠償の範囲に関する規定（民法416条）にその趣旨が含まれていることから，平成30年（2018年）改正商法では削除されました。

§２　責任免除・軽減特約の禁止

　§１で述べたように，損害を受けた旅客を保護する趣旨から旅客運送人の責任を厳格なものとしていることから，旅客の生命・身体の侵害による旅客運送人の責任を免除・軽減する特約は原則として無効とされます（商法591条１項）。ただし①運送の遅延を主たる原因とするとき，②大規模な火災・震災その他の災害が発生し，または発生するおそれがある場合において運送を行うとき（被災地における救援物資の輸送など），③運送に伴い通常生ずる振動その他の事情により生命・身体に重大な危険が及ぶおそれがある者の運送を行うとき（重病人や妊婦の輸送など）は，当該特約をすることを妨げません（商法591条１項括弧書・２項）。

　（引渡しを受けた手荷物に関する運送人の責任等）

　第592条①　運送人は，旅客から引渡しを受けた手荷物については，運送賃を請求しないときであっても，物品運送契約における運送人と同一の責任を負う。

---

② 運送人の被用者は，前項に規定する手荷物について，物品運送契約における運送人の被用者と同一の責任を負う。

③ 第1項に規定する手荷物が到達地に到着した日から1週間以内に旅客がその引渡しを請求しないときは，運送人は，その手荷物を供託し，又は相当の期間を定めて催告をした後に競売に付することができる。この場合において，運送人がその手荷物を供託し，又は競売に付したときは，遅滞なく，旅客に対してその旨の通知を発しなければならない。

④ 損傷その他の事由による価格の低落のおそれがある手荷物は，前項の催告をしないで競売に付することができる。

⑤ 前2項の規定により手荷物を競売に付したときは，運送人は，その代価を供託しなければならない。ただし，その代価の全部又は一部を運送賃に充当することを妨げない。

⑥ 旅客の住所又は居所が知れないときは，第3項の催告及び通知は，することを要しない。

（引渡しを受けていない手荷物に関する運送人の責任等）

第593条① 運送人は，旅客から引渡しを受けていない手荷物（身の回り品を含む。）の滅失又は損傷については，故意又は過失がある場合を除き，損害賠償の責任を負わない。

② 第576条第1項及び第3項，第584条第1項，第585条第1項及び第2項，第587条（第576条第1項及び第3項，第584条第1項並びに第585条第1項及び第2項の規定の準用に係る部分に限る。）並びに第588条の規定は，運送人が前項に規定する手荷物の滅失又は損傷に係る損害賠償の責任を負う場合について準用する。この場合において，第576条第1項中「その引渡しがされるべき」とあるのは「その運送が終了すべき」と，第584条第1項中「荷受人が異議をとどめないで運送品を受け取った」

> とあるのは「旅客が運送の終了の時までに異議をとどめなかった」と，「荷受人が引渡しの日」とあるのは「旅客が運送の終了の日」と，第585条第１項中「運送品の引渡しがされた日（運送品の全部滅失の場合にあっては，その引渡しがされるべき日）」とあるのは「運送の終了の日」と読み替えるものとする。
>
> **（運送人の債権の消滅時効）**
>
> **第594条**　第586条の規定は，旅客運送について準用する。

§1　手荷物に関する責任（引渡しを受けた場合）

　旅客運送人またはその被用者が旅客から手荷物の引渡しを受けた場合，旅客運送に付随して物品運送を行っていることから，手荷物に関する責任は運送賃の請求をしないときであっても物品運送人またはその被用者の責任と同一とされ（商法592条１項２項），したがって物品運送人の責任を軽減する規定（商法576条・577条・584条・585条）が適用されます。また手荷物が到達地に到着してから１週間以内に旅客がその引渡しを請求しないときは，物品運送人の供託・競売権と同様の権利が旅客運送人に認められており（商法592条３項〜５項），さらに旅客の住所・居所が知れないときは，旅客に対する催告・通知をする必要はありません（商法592条６項）。

§2　手荷物に関する責任（引渡しを受けていない場合）

　§1とは異なり，旅客運送人が旅客から手荷物に引渡しを受けていない場合，旅客運送人に故意または過失（重過失でないことに注意）がない限り，その滅失・損傷によって生じた損害について賠償する責任を負いません（商法593条１項）。また旅客運送人が損害賠償責任を負う場合であっても，物品運送人の責任を軽減する規定（商法576条１項３項・584条１項・585条１項２項・587条（前記規定を準用する部分に限る）・588条）が，旅客運送の状況をふまえた読み替えをしたうえで準用されます（商法593条２項）。

§3　旅客運送人の債権の消滅時効

　旅客運送人の荷送人または荷受人に対する債権の消滅時効については，物品運送人の債権の消滅時効に関する商法586条が準用され，行使することができるときから1年間とされます（商法594条）。平成29年（2017年）改正商法では，運送取扱人の委託者・荷受人に対する債権の消滅時効についての規定を準用する規定が新設されましたが（平成29年改正商法592条ノ2・567条），平成30年（2018年）改正商法では物品運送人の債権の消滅時効についての規定を準用することとなったため，商法592条ノ2は削除されました。

第9章　寄　託

第1節　総則

（受寄者の注意義務）
第595条　商人がその営業の範囲内において寄託を受けた場合には，報酬を受けないときであっても，善良な管理者の注意をもって，寄託物を保管しなければならない。

§1　受寄者の注意義務

　民法では，無報酬の受寄者（寄託者から物を受け取った者）は自己の財産に対するのと同一の注意をもって保管すれば足りるとされています（民法659条）。つまり，その注意の程度は各人によって異なり，受寄者が日常で自分の物や事柄に対して用いるくらいの注意を払えば十分であるとされます。細心の人と無用心の人とでは求められる注意の程度が違い，各々の注意の程度を欠くときに過失（具体的過失）があると判断されます。これに対して，商人がその営業の範囲内において無報酬で物を預かった場合（商事寄託）には，善良な管理者の注意義務（善管注意義務）が求められます（商法595条）。この義務は，社会的に一定の職業や地位にあるものが当然尽くすべきものとして一般に要求される程度の客観性をもった注意義務であり，これを欠くときに過失（抽象的過失）があるとされます。商人は，営業行為自体として寄託を引き受けるような場合（倉庫営業）だけでなく，営業に関連して物を預かるような場合（デパートなどでの一時預かり）でも，たとえ無償の行為にしても善管注意義務が求められるのです。なお商人が営業の範囲内において他人のためにした行為については有償性の原則が認め

られています（商法512条）。

（場屋営業者の責任）

第596条①　旅館，飲食店，浴場その他の客の来集を目的とする場屋における取引をすることを業とする者（以下この節において「場屋営業者」という。）は，客から寄託を受けた物品の滅失又は損傷については，不可抗力によるものであったことを証明しなければ，損害賠償の責任を免れることができない。

②　客が寄託していない物品であっても，場屋の中に携帯した物品が，場屋営業者が注意を怠ったことによって滅失し，又は損傷したときは，場屋営業者は，損害賠償の責任を負う。

③　客が場屋の中に携帯した物品につき責任を負わない旨を表示したときであっても，場屋営業者は，前２項の責任を免れることができない。

（高価品の特則）

第597条　貨幣，有価証券その他の高価品については，客がその種類及び価額を通知してこれを場屋営業者に寄託した場合を除き，場屋営業者は，その滅失又は損傷によって生じた損害を賠償する責任を負わない。

（場屋営業者の責任に係る債権の消滅時効）

第598条①　前２条の場屋営業者の責任に係る債権は，場屋営業者が寄託を受けた物品を返還し，又は客が場屋の中に携帯した物品を持ち去った時（物品の全部滅失の場合にあっては，客が場屋を去った時）から１年間行使しないときは，時効によって消滅する。

②　前項の規定は，場屋営業者が同項に規定する物品の滅失又は損傷につき悪意であった場合には，適用しない。

---

§1　場屋営業者の責任

　ホテル・旅館・飲食店・劇場・映画館・遊技場などの場屋営業者には，特別な責任が定められています。昔，宿の主人が客から物を預かった場合には，必ず返還すべき義務がありました。ローマ法におけるレセプツム責任（Receptum-haftung）という厳格な責任に由来するものです。今日においても多数の者が出入りする場所では，客自身が所持品の安全を自らで守ることが難しいことを考えて，場屋営業者に厳格な責任を負わせています。

　まず客から寄託を受けた物品（引渡されて場屋営業者側に占有が移った物）については，その滅失・損傷が不可抗力によるものであることを証明できない限りは，損害賠償の責任を負わなければなりません（商法596条1項）。物品を受領した事実がある限り，生じた損害につき結果責任を負わせるものです。なおここにいう「不可抗力」とは，特定事業の外部から発生した出来事で，通常必要と認められている予防方法を尽くしても，なお防止することができない事故をいいます。次に，客が預けることなく自ら携帯していた物品については，場屋営業者が注意を怠ったことによって滅失・損傷が生じた場合に損害賠償の責任を負います（商法596条2項）。この責任は場屋の利用に基づく付随的な法定責任であり，場屋営業者が注意を怠ったことの証明は客がしなければなりません。

　以上の場屋営業者の責任に関する規定は任意規定ですから，当事者の特約によってその責任の軽減や免除をすることは可能です。しかしながら，場屋の中に客が携帯した物品について責任を負わない旨のお知らせが掲示されているだけでは，免責の特約があったということはできません（商法596条3項）。

§2　高価品の場合の場屋営業者の責任

　客から寄託をうけた場屋営業者の責任は相当厳しいものですが，寄託される物品が高価品（貨幣・有価証券・貴金属・宝石・美術品など）であるような場合には，預ける際に客がその種類および価額を通知していなければ，その物品の滅失・損傷による損害賠償責任を負うことはありません（商法597条）。この場合に，債務不履行責任だけでなく不法行為責任についても場屋営業者は負わないこと

になるのかが問題となります。この点について判例は，客が高価品であること
をホテル側に明告しなかった場合に損害賠償額を制限する宿泊約款の特則につ
いて，「本件特則は，ホテル側に故意又は重大な過失がある場合には適用されな
いと解するのが相当である」としており（最判平15・2・28判時1829・151，百選
98），場屋営業者に故意・重過失がある場合には不法行為責任を負うとする一方
で，故意・重過失がない場合には債務不履行責任だけでなく不法行為責任につ
いても負わないとしています。なお運送人の債務不履行責任と不法行為責任と
の関係について述べた商法588条§1（190頁）も参照してください。

§3　場屋営業者の責任に係る債権の消滅時効

　商法596条・597条で規定された場屋営業者の責任は重いものであることから，
なるべく速やかに消滅させることが求められます。すなわち場屋営業者が寄託
を受けた物品を返還し，または客が場屋の中に携帯した物品を持ち去った時
（物品が全部滅失した場合は客が場屋を去った時）から1年間行使しないときに時効
により消滅します（商法598条1項）。なおこの短期消滅時効の制度は，場屋営業
者が物品の滅失・損傷について悪意があった場合には適用されません（商法598
条2項）。

第2節　倉庫営業

（定義）

第599条　この節において「倉庫営業者」とは，他人のために物品を倉庫に保管することを業とする者をいう。

---

§1　倉庫営業

　倉庫営業は，倉庫営業者が寄託を受けた物品を倉庫に保管することを引き受ける営業です。商人は倉庫営業を利用することによって次のような便宜を享受することができます。すなわち，①商人は大量の物品について取引をするのが通常であることから，これを利用することによって自ら商品を保管するよりも安全低廉な保管を期待できること，②商品の市況が低下しているときは商品を倉庫営業者の基に保管させたままにしておき，市況が高騰したときに倉庫から受け取って売却することが可能となること，③発行された倉庫証券の利用によって，物品を倉庫に保管したまま物品を譲渡することや，物品を担保にして金融を受けることも容易になること，が挙げられます。このような意味で倉庫営業は現在の商人の経済活動に必要不可欠なものとなっています。なお，倉庫業を営もうとする者は国土交通大臣の行う登録を受けなければなりません（倉庫業法3条）。

§2　倉庫の種類

　倉庫とは，物品の滅失・損傷を防止するための工作物または物品の滅失・損傷を防止するための工作を施した土地・水面であって，物品の保管の用に供するものをいいます（倉庫業法2条1項）。その構造や設備または保管する物品の種類により，①一類倉庫，②二類倉庫，③三類倉庫，④野積倉庫，⑤水面倉庫，⑥貯蔵庫倉庫，⑦危険品倉庫，⑧冷蔵倉庫，⑨トランクルーム，⑩特別の倉庫

に分類され（倉庫業法施行規則3条），このうち⑨トランクルームは，消費者の物品の保管の用に供する倉庫をいいます（倉庫業法2条3項）。

（倉荷証券の交付義務）

第600条　倉庫営業者は，寄託者の請求により，寄託物の倉荷証券を交付しなければならない。

（倉荷証券の記載事項）

第601条　倉荷証券には，次に掲げる事項及びその番号を記載し，倉庫営業者がこれに署名し，又は記名押印しなければならない。

一　寄託物の種類，品質及び数量並びにその荷造りの種類，個数及び記号

二　寄託者の氏名又は名称

三　保管場所

四　保管料

五　保管期間を定めたときは，その期間

六　寄託物を保険に付したときは，保険金額，保険期間及び保険者の氏名又は名称

七　作成地及び作成の年月日

（帳簿記載義務）

第602条　倉庫営業者は，倉荷証券を寄託者に交付したときは，その帳簿に次に掲げる事項を記載しなければならない。

一　前条第1号，第2号及び第4号から第6号までに掲げる事項

二　倉荷証券の番号及び作成の年月日

---

§1　倉庫証券

　物品の倉庫での保管について，倉庫営業者と寄託者との間に締結されるのが倉庫寄託契約ですが，この契約に基づく物品の保管を証明するとともに，寄託

物の返還請求権を表章する有価証券が倉庫証券です。倉庫証券に関する立法については，寄託された物品の譲渡と質入れについて1枚の証券で行う単券主義，譲渡と質入れを別々の証券で行う複券主義，単券か複券かを寄託者の選択により決定する併用主義があります。平成30年（2018年）改正前商法では複券主義による「預証券」と「質入証券」，単券主義による「倉荷証券」のいずれも認める併用主義が採用されており，規定上は預証券と質入証券について定めたうえで，倉荷証券については預証券に関する規定を準用していました（平成30年改正前商法627条2項）。しかしながら実際の取引では倉荷証券が発行される場合がほとんどであったため，平成30年（2018年）改正商法では預証券と質入証券に関する規定が削除されました。

§2　倉荷証券

　倉荷証券は，倉庫営業者に対する寄託物返還請求権を表章する有価証券で，寄託者の請求により倉庫営業者が交付しなければなりません（商法600条）。倉荷証券には以下の①〜⑦の事項および番号を記載し，倉庫営業者が署名または記名押印しなければなりません（商法601条）。①寄託物の種類・品質・数量ならびにその荷造りの種類・個数・記号，②寄託者の氏名または名称，③保管場所，④保管料，⑤保管期間を定めたときはその期間，⑥寄託物を保険に付したときは，保険金額・保険期間・保険者の氏名または名称，⑦作成地および作成年月日。また倉庫営業者は倉荷証券を寄託者に交付したときは，前記①・②・④〜⑥の事項と倉荷証券の番号および作成年月日を帳簿（証券発行原簿）に記載しなければなりません（商法602条）。

§3　荷渡指図書

　倉庫営業や海上運送営業の実務においては，倉荷証券や船荷証券とは別に荷渡指図書（Delivery OrderまたはD/O）が利用されています。これは倉荷証券または船荷証券の発行されている寄託物や運送品について，その全部または一部を引き渡すよう指図した証券で，寄託者が倉庫営業者に対して発行するものと，

倉庫営業者が自己の履行補助者である出荷担当者に対して発行するものがあります。このうち寄託者が倉庫営業者に対して発行するものについて判例は，倉庫営業者にあてて荷渡先を指定して受寄物を引渡すことを依頼するものに過ぎないとして，一種の免責証券と解しており（最判昭35・3・22民集14・4・501），また荷渡指図書の引渡しにより寄託物について行使する権利について寄託物の引渡しと同一の効力を有するとする物権的効力についても否定しています（最判昭48・3・29判時705・103）。

（寄託物の分割請求）

第603条①　倉荷証券の所持人は，倉庫営業者に対し，寄託物の分割及びその各部分に対する倉荷証券の交付を請求することができる。この場合において，所持人は，その所持する倉荷証券を倉庫営業者に返還しなければならない。

②　前項の規定による寄託物の分割及び倉荷証券の交付に関する費用は，所持人が負担する。

---

§1　証券分割交付請求権

商人は，倉庫に商品を預けたまま，有価証券である倉荷証券によってそれらを売却したり，または質権の設定をして金融のために利用していますが，いつも寄託物全てをまとめて売買や質入れの対象にするわけではなく，市場の動向により寄託物を分割して処理することも必要となります。その場合に寄託物の一部を出庫して現物で処理することもできますが，倉荷証券を取引に必要な数量に応じて分割したうえで，その部分に対する新たな倉荷証券を買主や質権者に交付するという方法をとることができれば大変便利です。このような証券分割交付請求権が倉荷証券の所持人に認められており（商法603条1項），分割に関する費用については所持人が負担するものとされています（商法603条2項）。

（倉荷証券の不実記載）

第604条 倉庫営業者は，倉荷証券の記載が事実と異なることを
もって善意の所持人に対抗することができない。

---

§1 倉荷証券の要因証券性・文言証券性

倉荷証券は倉庫寄託契約の存在を前提として交付されるため，要因証券性を
有します。また平成30年（2018年）改正前商法では，寄託に関する事項は倉庫
営業者と所持人との間においては倉庫証券の定めるところによるとして（平成
30年改正前商法598条・627条2項），文言証券性を認めていました。そこで，①倉
庫寄託契約が締結されていない（物品が寄託されていない）にもかかわらず倉庫証
券が交付されている場合（空券）や，②実際に寄託された物品と倉庫証券に記
載された物品とが異なる場合（品違い）に，要因証券性と文言証券性のどちら
を重視するかについて見解が分かれていました。

かつては要因証券性を重視して，空券の場合は原因を欠くため当然に無効で
あり，品違いの場合は倉庫営業者が実際に受け取った品物を引渡せば足りると
して，所持人の救済を不法行為責任に求める見解（要因説）が支配的でしたが，
この要因性を「証券上に債権原因の記載を必要とするという意味に限定したう
えで，証券の発行行為が有効であれば証券記載どおりの効力を認める，すなわ
ち空券や品違いの場合にも証券記載どおりの品物を引渡す義務を認める（品物
を引渡せない場合には債務不履行による損害賠償責任を負う）という文言証券性を強
調する見解（証券権利説）も主張されていました。

この点について判例は，空券の場合は要因証券性を重視して証券を無効とす
るのに対し（大判昭13・12・27民集17・2848，百選80），品違いの場合は文言証券性
を重視して倉庫営業者の損害賠償責任を認めています（大判昭11・2・12民集15・
357）。平成30年（2018年）改正商法では，倉庫営業者は倉荷証券の記載が事実
と異なることをもって善意の所持人に対抗することができないとしています
（商法604条）。

（寄託物に関する処分）

第605条　倉荷証券が作成されたときは，寄託物に関する処分は，倉荷証券によってしなければならない。

（倉荷証券の譲渡又は質入れ）

第606条　倉荷証券は，記名式であるときであっても，裏書によって，譲渡し，又は質権の目的とすることができる。ただし，倉荷証券に裏書を禁止する旨を記載したときは，この限りでない。

（倉荷証券の引渡しの効力）

第607条　倉荷証券により寄託物を受け取ることができる者に倉荷証券を引き渡したときは，その引渡しは，寄託物について行使する権利の取得に関しては，寄託物の引渡しと同一の効力を有する。

（倉荷証券の再交付）

第608条　倉荷証券の所持人は，その倉荷証券を喪失したときは，相当の担保を供して，その再交付を請求することができる。この場合において，倉庫営業者は，その旨を帳簿に記載しなければならない。

---

§1　倉荷証券の処分証券性・法律上当然の指図証券性・物権的効力

倉荷証券は有価証券の一種であることから，前述の要因証券性・文言証券性の他に以下のような性質を有します。①倉荷証券が作成されたときは，寄託物に関する処分は倉荷証券によってしなければならず（処分証券性，商法605条），したがって倉荷証券所持人の意向に反して寄託者が寄託物を処分することはできません。②倉荷証券は記名式（証券上の権利者が記載されている）であるときであっても，裏書によって譲渡・質入れすることができ（法律上当然の指図証券性，商法606条本文），裏書を禁止する旨の記載がある場合には裏書による譲渡をする

ことはできませんが（商法606条但書），民法上の債権譲渡の方式（対抗要件は債務者に対する通知または債務者の承諾，民法467条1項）によることになります。③寄託物を受け取ることができる者に対する倉荷証券の引渡しは，寄託物について行使する権利の取得に関して寄託物の引渡しと同一の効力を有し（物権的効力，商法607条），これにより倉荷証券の引渡しを受けた者は，寄託物を倉庫に寄託したまま転売・質入することが可能となります。

§2　倉荷証券の再交付

　有価証券を喪失した場合，証券喪失者は非訟事件手続法に定める公示催告の申立てをし，裁判所による除権決定により有価証券が無効とされることにより，公示催告申立人は当該有価証券による権利を主張することができます（非訟事件手続法114条〜118条）。これに対して倉荷証券を喪失した場合，その所持人は倉庫営業者に対して相当の担保を供したうえで再交付を請求することができます（商法608条前段）。これにより倉荷証券の所持人は公示催告の申し立てをすることなく寄託物の譲渡・質入れを容易にすることができます。なお倉荷証券を再交付した場合，倉庫営業者はその旨を帳簿（証券発行原簿）に記載しなければなりません（商法608条後段）。

（寄託物の点検等）
第609条　寄託者又は倉荷証券の所持人は，倉庫営業者の営業時間内は，いつでも，寄託物の点検若しくはその見本の提供を求め，又はその保存に必要な処分をすることができる。
（倉庫営業者の責任）
第610条　倉庫営業者は，寄託物の保管に関し注意を怠らなかったことを証明しなければ，その滅失又は損傷につき損害賠償の責任を免れることができない。

---

§1　倉庫営業者の責任

　倉庫営業者は，善良な管理者の注意をもって寄託物を保管する義務があり（商法595条），寄託物の保管に関し注意を怠らなかったことを証明しなければ，その滅失・損傷について損害賠償責任を免れることはできません（商法610条）。無過失の立証責任は倉庫営業者側にあるとされていますが，実際に利用されている標準倉庫寄託約款では，①寄託者または証券所持人に対して倉庫営業者が賠償責任を負う損害は，倉庫営業者またはその使用人の故意または重大な過失によって生じた場合に限る（軽過失の場合を免責）とし，②損害賠償を請求しようとする者（寄託者または証券所持人）が倉庫営業者などの故意・重過失を証明しなければならない（立証責任の転換）として，倉庫営業者の責任の軽減を図っています（標準倉庫寄託約款38条）。

　また倉庫営業者が損害賠償責任を負う場合の損害額については，運送人のような特別規定（商法576条・577条）がないので，民法の一般原則（民法416条）が適用されますが，標準倉庫寄託約款では①損害発生当時の時価（発生の時期が不明であるときは発見当時の時価）により損害の程度に応じて算定し，②時価が受寄物の火災保険金額または寄託金額をこえる場合は，その保険金額又は寄託金額により損害の程度に応じて算定するとして，損害賠償額の定型化を図っています（標準倉庫寄託約款42条）。なお寄託物の滅失・損傷が生ずるのを未然に防ぐ観点から，寄託者または倉荷証券の所持人は倉庫営業者の営業時間内はいつでも，寄託物の点検もしくは見本の提供を求め，その保存に必要な処分をすることができます（商法609条）。

（保管料等の支払時期）

　第611条　倉庫営業者は，寄託物の出庫の時以後でなければ，保管料及び立替金その他寄託物に関する費用（第616条第1項において「保管料等」という。）の支払を請求することができない。ただし，寄託物の一部を出庫するときは，出庫の割合に応じて，

その支払を請求することができる。

（寄託物の返還の制限）

第612条　当事者が寄託物の保管期間を定めなかったときは，倉庫営業者は，寄託物の入庫の日から6箇月を経過した後でなければ，その返還をすることができない。ただし，やむを得ない事由があるときは，この限りでない。

（倉荷証券が作成された場合における寄託物の返還請求）

第613条　倉荷証券が作成されたときは，これと引換えでなければ，寄託物の返還を請求することができない。

（倉荷証券を質入れした場合における寄託物の一部の返還請求）

第614条　倉荷証券を質権の目的とした場合において，質権者の承諾があるときは，寄託者は，当該質権の被担保債権の弁済期前であっても，寄託物の一部の返還を請求することができる。この場合において，倉庫営業者は，返還した寄託物の種類，品質及び数量を倉荷証券に記載し，かつ，その旨を帳簿に記載しなければならない。

§1　保管料

　倉庫営業者は，倉庫寄託契約により約定の保管料（倉敷料）を請求することができますが，それは原則として寄託物の出庫の時とされています（出庫計算法，商法611条本文）。出庫とは，倉庫営業者が寄託物を現実に引渡すことをいいますが，保管期間が満了した場合は，出庫前でも直ちに保管料を請求することができると考えられています。また保管期間中に寄託物の一部を出庫する場合は，出庫の割合に応じた保管料を請求することができます（商法611条但書）。保管料の支払時期については特約により別の方法を定めることも可能であり，寄託物の入庫の時に保管機関の保管料全額を前払いする方法（先取計算法）や，毎月その経過期間の保管料を請求する方法（残高計算法）などがあります。保管料の支

払義務者は寄託者ですが，倉荷証券が発行されている場合はその所持人も保管料の支払義務を負うものと考えられます。

§2　保管期間

保管期間について倉庫寄託契約で定めなかった場合には，寄託物の入庫の日から6ヶ月を経過しなければ倉庫営業者はその返還をすることができません（商法612条本文）。但し寄託物の臭気や腐敗，倉庫の消失などやむをえない事由があるときは6ヶ月未満であっても引取りを請求することができます（商法612条但書）。他方，寄託者側からの返還請求があれば，保管期間の定めの有無にかかわらず，倉庫営業者はいつでも寄託物を返還しなければなりません（民法662条1項）。

§3　倉荷証券が作成された場合の寄託物の返還請求

倉荷証券が作成された場合，寄託物の返還請求は倉荷証券と引き換えでなければすることができません（受戻証券性，商法613条）。しかしながら倉荷証券を質入れした場合には寄託者その他の証券所持人の手元に倉荷証券がないため，寄託物の返還請求をすることができなくなってしまいます。そこで質権者の承諾がある場合には当該質権の被担保債権の弁済期前であっても，寄託者が寄託物の一部の返還を請求することができ（商法614条前段），この場合倉庫営業者は，返還した寄託物の種類・品質・数量を倉荷証券に記載しかつその旨を帳簿（証券発行原簿・倉庫証券控帳）に記載しなければなりません（商法614条後段）。

（寄託物の供託及び競売）

第615条　第524条第1項及び第2項の規定は，寄託者又は倉荷証券の所持人が寄託物の受領を拒み，又はこれを受領することができない場合について準用する。

（倉庫営業者の責任の消滅）

第616条① 寄託物の損傷又は一部滅失についての倉庫営業者の責任は，寄託者又は倉荷証券の所持人が異議をとどめないで寄託物を受け取り，かつ，保管料等を支払ったときは，消滅する。ただし，寄託物に直ちに発見することができない損傷又は一部滅失があった場合において，寄託者又は倉荷証券の所持人が引渡しの日から2週間以内に倉庫営業者に対してその旨の通知を発したときは，この限りでない。

② 前項の規定は，倉庫営業者が寄託物の損傷又は一部滅失につき悪意であった場合には，適用しない。

（倉庫営業者の責任に係る債権の消滅時効）

第617条① 寄託物の滅失又は損傷についての倉庫営業者の責任に係る債権は，寄託物の出庫の日から1年間行使しないときは，時効によって消滅する。

② 前項の期間は，寄託物の全部滅失の場合においては，倉庫営業者が倉荷証券の所持人（倉荷証券を作成していないとき又は倉荷証券の所持人が知れないときは，寄託者）に対してその旨の通知を発した日から起算する。

③ 前2項の規定は，倉庫営業者が寄託物の滅失又は損傷につき悪意であった場合には，適用しない。

第618条から第683条まで　削除

§1　倉庫営業者の供託・競売権（荷受人の受取拒絶・受取不能の場合）

　寄託者または倉荷証券の所持人が寄託物の受取を拒み，または受領することができない場合には，商事売買における売主の供託・競売権に関する規定（商法524条1項2項）が準用され，倉庫営業者の供託・競売権が認められています（商法615条）。

§2　倉庫営業者の責任の特別消滅事由・短期消滅時効

　寄託物が滅失または損傷した場合における倉庫営業者の損害賠償責任については，運送人に関する規定（商法584条・585条）に類似した規制がなされています。すなわち特別消滅事由については，①寄託物の損傷・一部滅失の場合において，寄託者または倉荷証券の所持人が異議をとどめないで寄託物を受け取り，かつ保管料などを支払ったときに消滅し（商法616条1項本文），②寄託物に直ちに発見することができない損傷・一部滅失があった場合に，引渡しの日から2週間以内に倉庫営業者に対してその旨の通知を発しなかった場合も消滅します（商法616条1項但書）。また短期消滅時効については，③寄託物の出庫の日から1年間債権を行使しない場合に消滅し（商法617条1項），④寄託物の全部滅失の場合は，倉庫営業者が倉荷証券の所持人（倉荷証券を作成していないときまたは倉荷証券の所持人が知れないときは寄託者）に対してその旨を発した日から1年間債権を行使しない場合に消滅します（商法617条2項）。なお①〜④については倉庫営業者が寄託物の滅失・損傷について悪意の場合は適用がありません（商法616条2項・617条3項）。

主要参考文献

商法総則・商行為法については、以下に掲げる文献も参照してください。

最新の条文に対応している文献

青竹正一「商法総則・商行為法（第 3 版）」法律学講座（信山社　2023）

近藤光男「商法総則・商行為法（第 9 版）」（有斐閣　2023）

江頭憲治郎「商取引法（第 9 版）」（弘文堂　2022）

永井和之・三浦治・木下崇・一ノ澤直人「基本テキスト　企業法総論・商法総則」（中央経済社　2022）

落合誠一・大塚龍児・山下友信「商法 I　総則・商行為（第 6 版)」（有斐閣　2019）

弥永真生「リーガルマインド　商法総則・商行為法（第 3 版)」（有斐閣　2019）

より深く学説等を理解するための文献

田邊光政「商法総則・商行為法（第 4 版）」（新世社　2016）

森本滋編「商法総則講義（第 3 版）」（成文堂　2007）

鴻常夫「商法総則（新訂 5 版）」（弘文堂　1999）

服部栄三・星川長七「基本法コンメンタール商法総則・商行為法（第 4 版)」別冊法学セミナー（日本評論社　1997）

平出慶道「商行為法（第 2 版）」（青林書院　1989）

服部栄三「商法総則（第 3 版）」（青林書院新社　1983）

大隅健一郎「商法総則（新版）」（有斐閣　1978）

田中誠二「全訂　商法総則詳論」（勁草書房　1976）

神崎克郎「商行為法 I」（有斐閣　1973）

西原寛一「商行為法」（有斐閣　1976）

主要参考文献

わかりやすい解説のある文献

大塚英明・川島いづみ・中東正文「商法総則・商行為法（第3版)」（有斐閣　2019)

丸山秀平「商法Ⅰ総則・商行為法/手形・小切手法（第4版)」（新世社　2018)

北居功・高田晴仁編「民法とつながる商法総則・商行為法（第2版)」（商事法務　2018)

高橋英治編「スタンダード商法5商法入門」（法律文化社　2018)

山下眞弘「やさしい商法総則・商行為法（第3版補訂版)」（法学書院　2015)

事 項 索 引

判 例 索 引

　民録＝大審院民事判決録、民集＝大審院又は最高裁判所民事判例集、
下民集＝下級裁判所民事裁判例集、判時＝判例時報、判タ＝判例タイムズ、
金判＝金融商事判例、ＬＥＸ／ＤＢ＝法律情報データベースＴＫＣ

〔執筆者紹介〕

遠 藤 喜 佳（えんどう きよし）
東洋大学名誉教授，中央大学法学部講師
1954年　静岡県に生まれる。
1977年　中央大学法学部法律学科卒業
1986年　中央大学大学院法学研究科博士後期課程満期退学
1997年　千葉商科大学商経学部教授
2001年　東洋大学法学部教授
2007年　公認会計士試験委員（企業法）
2019年　東洋大学名誉教授
2023年　正栄食品工業株式会社　監査役
（主要著作）
『手形小切手法判例解説』編著（一橋出版　2004）
『最新改正会社法』共著（八千代出版　2016）
「事業譲渡・営業譲渡における商号の続用要件を考える」『商事立法における
　近時の発展と展望』（中央経済社　2021）

松 田 和 久（まつだ かずひさ）
千葉商科大学商経学部教授，同大学院商学研究科教授
1969年　千葉県に生まれる。
1992年　中央大学法学部法律学科卒業
1999年　中央大学大学院法学研究科博士後期課程単位取得満期退学
2002年　千葉商科大学商経学部専任講師
2012年　千葉商科大学商経学部教授
2014年　千葉商科大学大学院経済学研究科教授
2020年　千葉商科大学大学院商学研究科教授
（主要著作）
「ＥＵ会社法統合指令における公示規制」東洋法学62巻3号（2019）
「ＥＵ会社法統合指令における資本規制」千葉商大論叢57巻2号（2019）
「ＥＵ会社法統合指令における合併規制」千葉商大論叢58巻1号（2020）
「取締役の会社に対する責任」『商事立法における近時の発展と展望』（中央
　経済社　2021）

商法総則・商行為法
－プチ・コンメンタール－〔三訂版〕

2010年 4 月10日　初版　第 1 刷発行
2013年 5 月10日　初版　第 4 刷発行
2015年 5 月10日　改訂版第 1 刷発行
2017年11月10日　改訂版第 4 刷発行
2024年 1 月10日　三訂版第 1 刷発行

著　者　　遠藤　喜佳
　　　　　松田　和久

発行者　　大坪　克行

発行所　　株式会社 税務経理協会
　　　　　〒161-0033東京都新宿区下落合1丁目1番3号
　　　　　http://www.zeikei.co.jp
　　　　　03-6304-0505

印　刷　　光栄印刷株式会社

製　本　　牧製本印刷株式会社

本書についての
ご意見・ご感想はコチラ

http://www.zeikei.co.jp/contact/